MEINE TO-DO-LISTE (PENDENZENLISTE, AUFGABENLISTE, LISTE OFFENER PUNKTE)

Renate & Uwe H. Sültz

Bücher von A bis Z

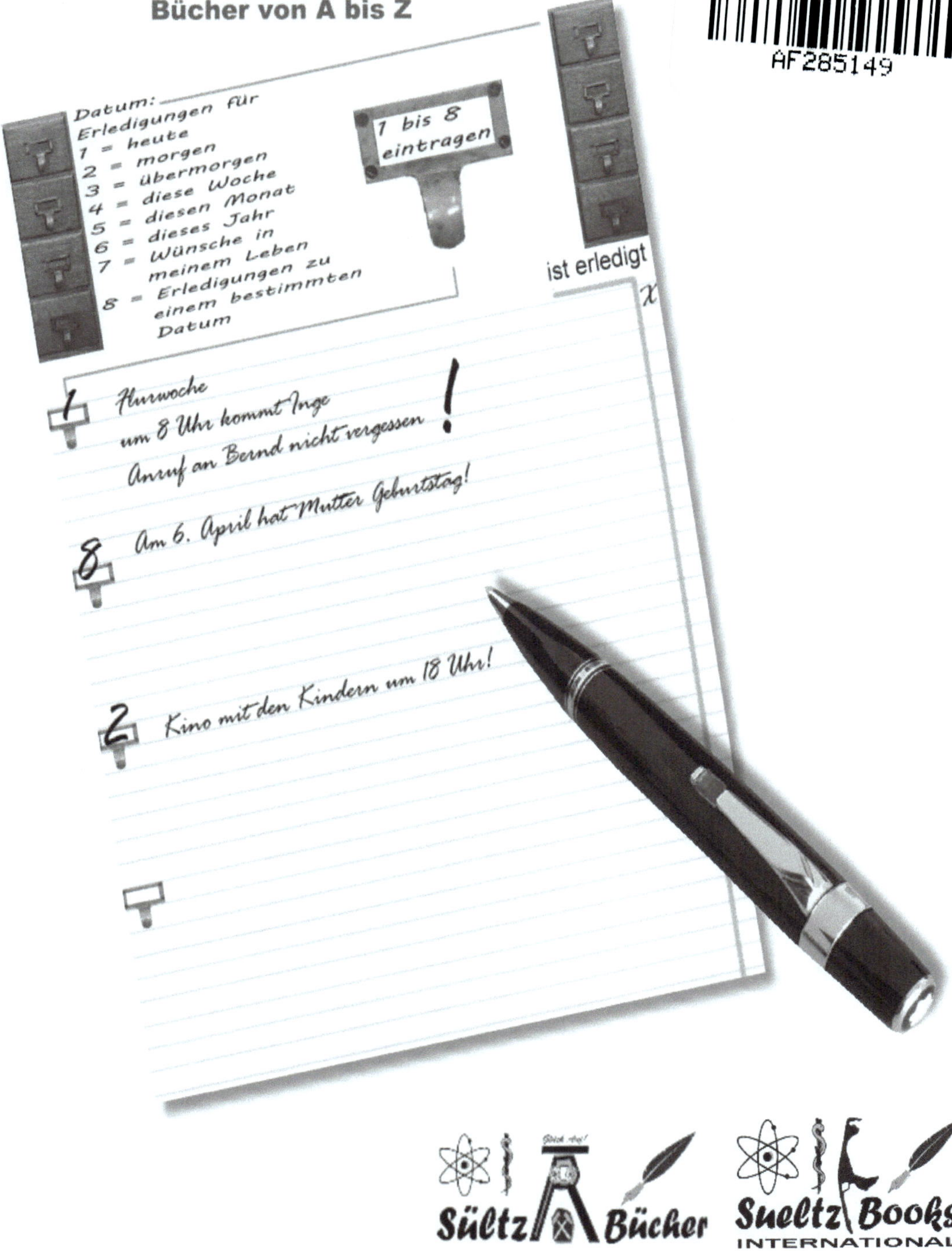

Datum: ___
Erledigungen für
1 = heute
2 = morgen
3 = übermorgen
4 = diese Woche
5 = diesen Monat
6 = dieses Jahr
7 = Wünsche in meinem Leben
8 = Erledigungen zu einem bestimmten Datum

1 bis 8 eintragen

ist erledigt x

Flurwoche
um 8 Uhr kommt Inge
Anruf an Bernd nicht vergessen !

Am 6. April hat Mutter Geburtstag!

Kino mit den Kindern um 18 Uhr!

Bibliografische Information durch die Deutsche Nationalbibliothek
Die Deutsche Nationalbibliothek verzeichnet diese Publikation in der
Deutschen Nationalbibliografie; detaillierte bibliografische Daten
sind im Internet über http://dnb.dnb.de abrufbar.

SÜLTZ BÜCHER sind eigentlich
bekannt durch ihre Gesundheits-
Tagebücher. Ob Pflegetagebücher,
Schmerztagebücher, Diabetes-
Tagebücher, Blutdrucktagebücher,
usw., alle Tagebücher sind kosten-
günstig, damit sie für jeden er-
schwinglich sind. Natürlich ist das
Team SÜLTZ BÜCHER in vielen
Genres vertreten, Kimi, SciFi, Lern-
und Kinder-Bücher, Technik- und
Kochbücher etwa.
Die Marke SÜLTZ gibt es seit den
1970'er Jahren und ist weltweit
vertreten.
Nun kam die Anfrage nach einer
günstigen To-du-Liste als Buch.
Gefragt... getan!

In die Etikettenhalter tragen Sie ein,
wann etwas erledigt werden soll.
1 = HEUTE, 2 = MORGEN... bis zu
8 = ERLEDIGUNGEN ZU EINEM
BESTIMMTEN DATUM

Neben den Etikettenhaltern tragen
Sie Ihre Erledigungen/Wünsche/
Aufgaben ein. Nach der Erledigung
haken Sie die getane Arbeit ab.

Wir wünschen weiterhin viel Freude
und Gesundheit für unsere Leser-
innen und Leser, vor allem Frieden!

© Renate & Uwe H. Sültz
Herstellung und Verlag:
BoD – Books on Demand, Norderstedt
ISBN 9-78375-6-23797-5

Datum: _____

Erledigungen für
1 = heute
2 = morgen
3 = übermorgen
4 = diese Woche
5 = diesen Monat
6 = dieses Jahr
7 = Wünsche in
   meinem Leben
8 = Erledigungen zu
   einem bestimmten
   Datum

1 bis 8
eintragen

ist erledigt

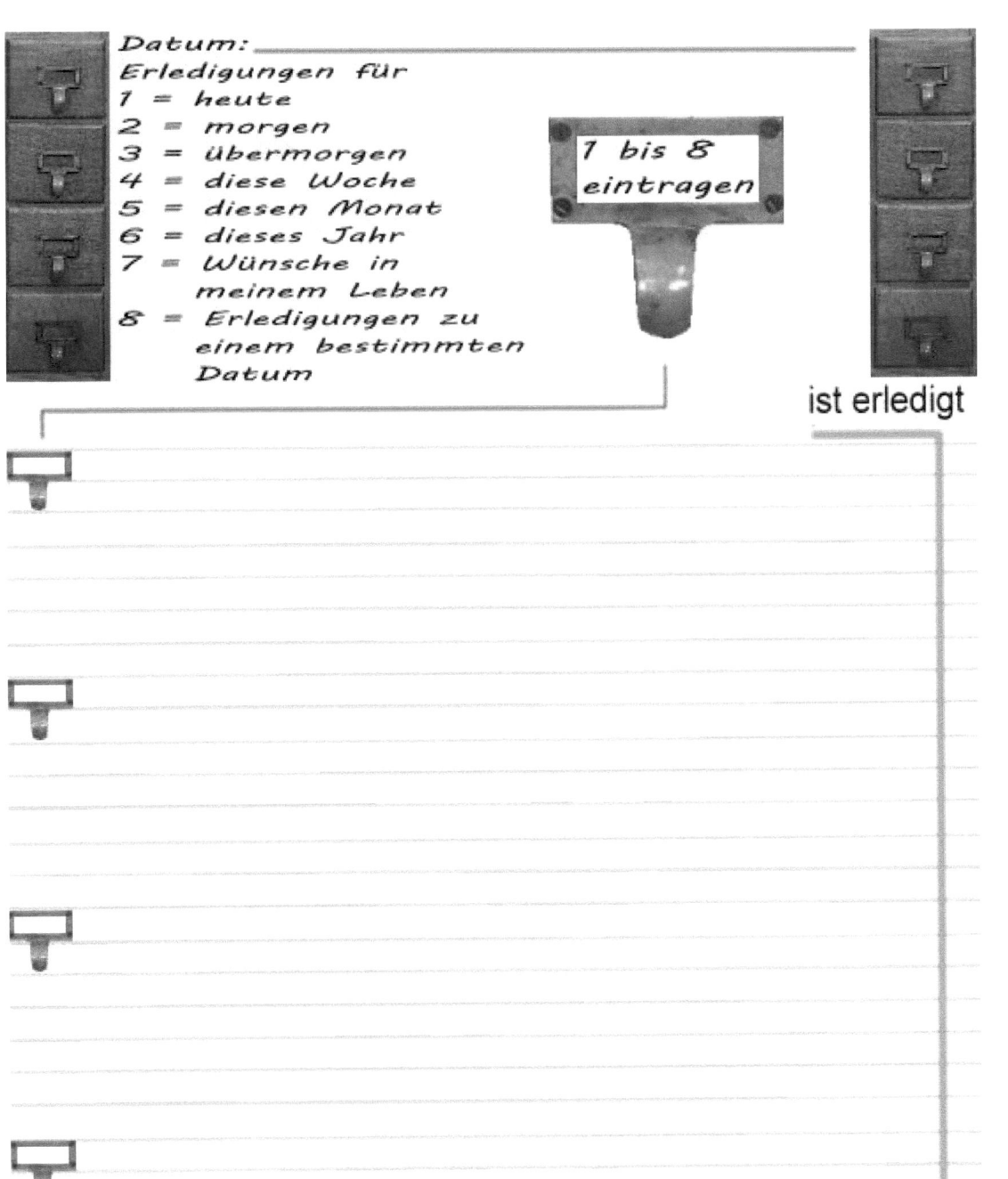

Datum: _____

Erledigungen für

1 = heute
2 = morgen
3 = übermorgen
4 = diese Woche
5 = diesen Monat
6 = dieses Jahr
7 = Wünsche in
    meinem Leben
8 = Erledigungen zu
    einem bestimmten
    Datum

1 bis 8 eintragen

ist erledigt

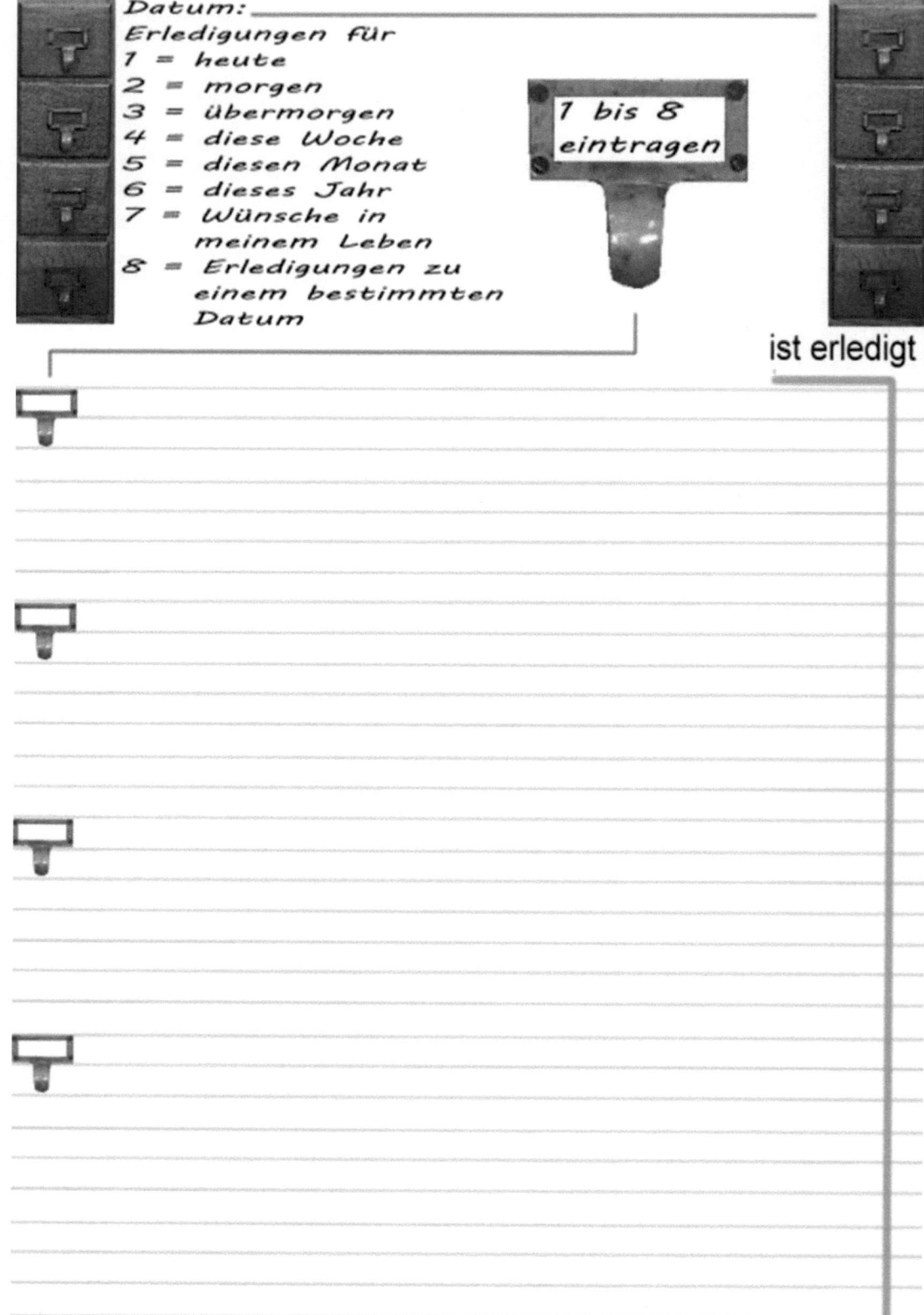

Datum: _____

Erledigungen für
1 = heute
2 = morgen
3 = übermorgen
4 = diese Woche
5 = diesen Monat
6 = dieses Jahr
7 = Wünsche in
    meinem Leben
8 = Erledigungen zu
    einem bestimmten
    Datum

1 bis 8
eintragen

ist erledigt

Datum: _____

Erledigungen für
1 = heute
2 = morgen
3 = übermorgen
4 = diese Woche
5 = diesen Monat
6 = dieses Jahr
7 = Wünsche in
    meinem Leben
8 = Erledigungen zu
    einem bestimmten
    Datum

1 bis 8 eintragen

ist erledigt

Datum: _____

Erledigungen für
1 = heute
2 = morgen
3 = übermorgen
4 = diese Woche
5 = diesen Monat
6 = dieses Jahr
7 = Wünsche in
    meinem Leben
8 = Erledigungen zu
    einem bestimmten
    Datum

1 bis 8
eintragen

ist erledigt

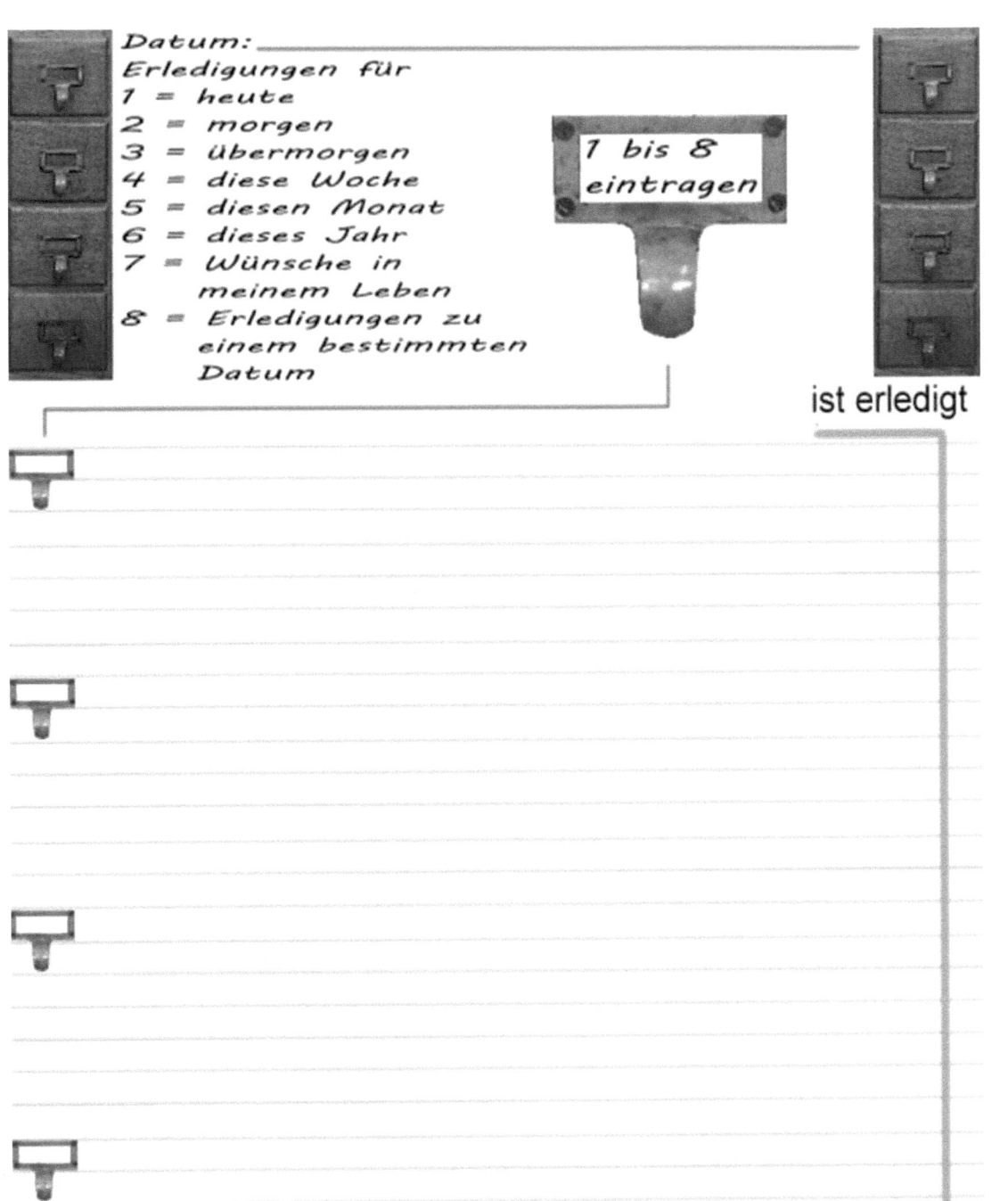

Datum: _____

Erledigungen für
1 = heute
2 = morgen
3 = übermorgen
4 = diese Woche
5 = diesen Monat
6 = dieses Jahr
7 = Wünsche in
    meinem Leben
8 = Erledigungen zu
    einem bestimmten
    Datum

1 bis 8
eintragen

ist erledigt

Datum: _____

Erledigungen für
1 = heute
2 = morgen
3 = übermorgen
4 = diese Woche
5 = diesen Monat
6 = dieses Jahr
7 = Wünsche in
    meinem Leben
8 = Erledigungen zu
    einem bestimmten
    Datum

1 bis 8
eintragen

ist erledigt

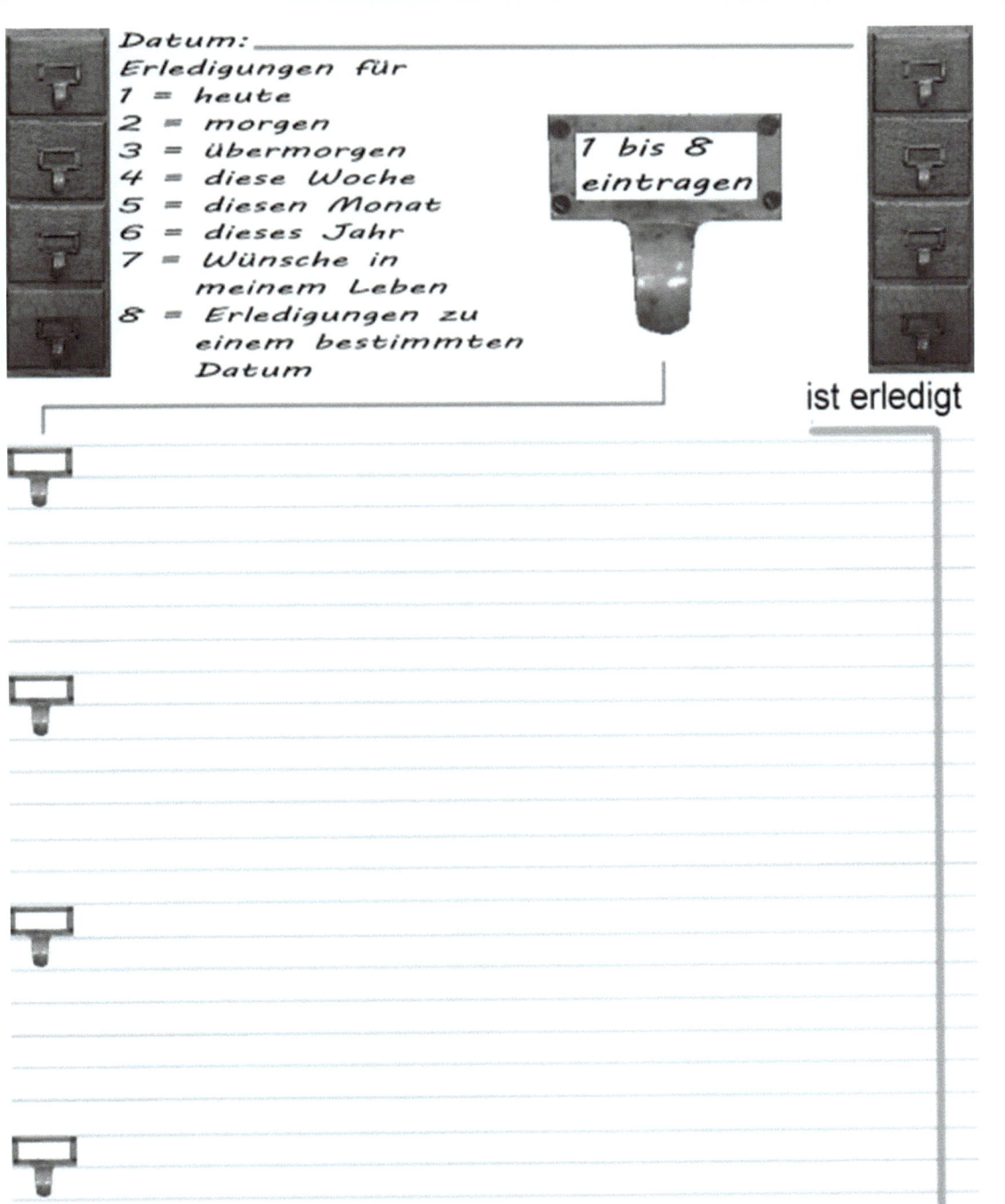

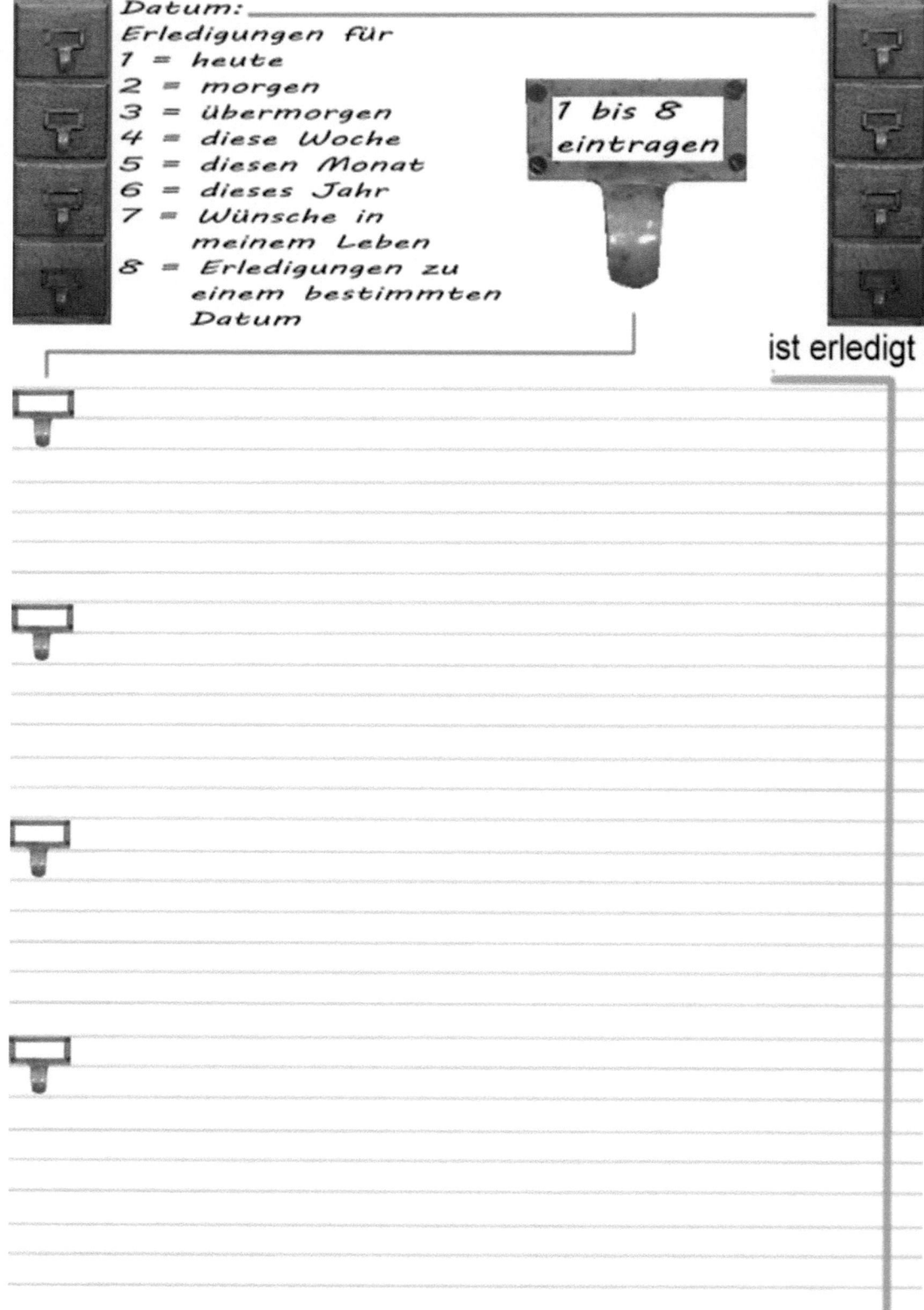

Datum: _____

Erledigungen für
1 = heute
2 = morgen
3 = übermorgen
4 = diese Woche
5 = diesen Monat
6 = dieses Jahr
7 = Wünsche in
    meinem Leben
8 = Erledigungen zu
    einem bestimmten
    Datum

1 bis 8
eintragen

ist erledigt

Datum: _____

Erledigungen für
1 = heute
2 = morgen
3 = übermorgen
4 = diese Woche
5 = diesen Monat
6 = dieses Jahr
7 = Wünsche in
    meinem Leben
8 = Erledigungen zu
    einem bestimmten
    Datum

1 bis 8
eintragen

ist erledigt

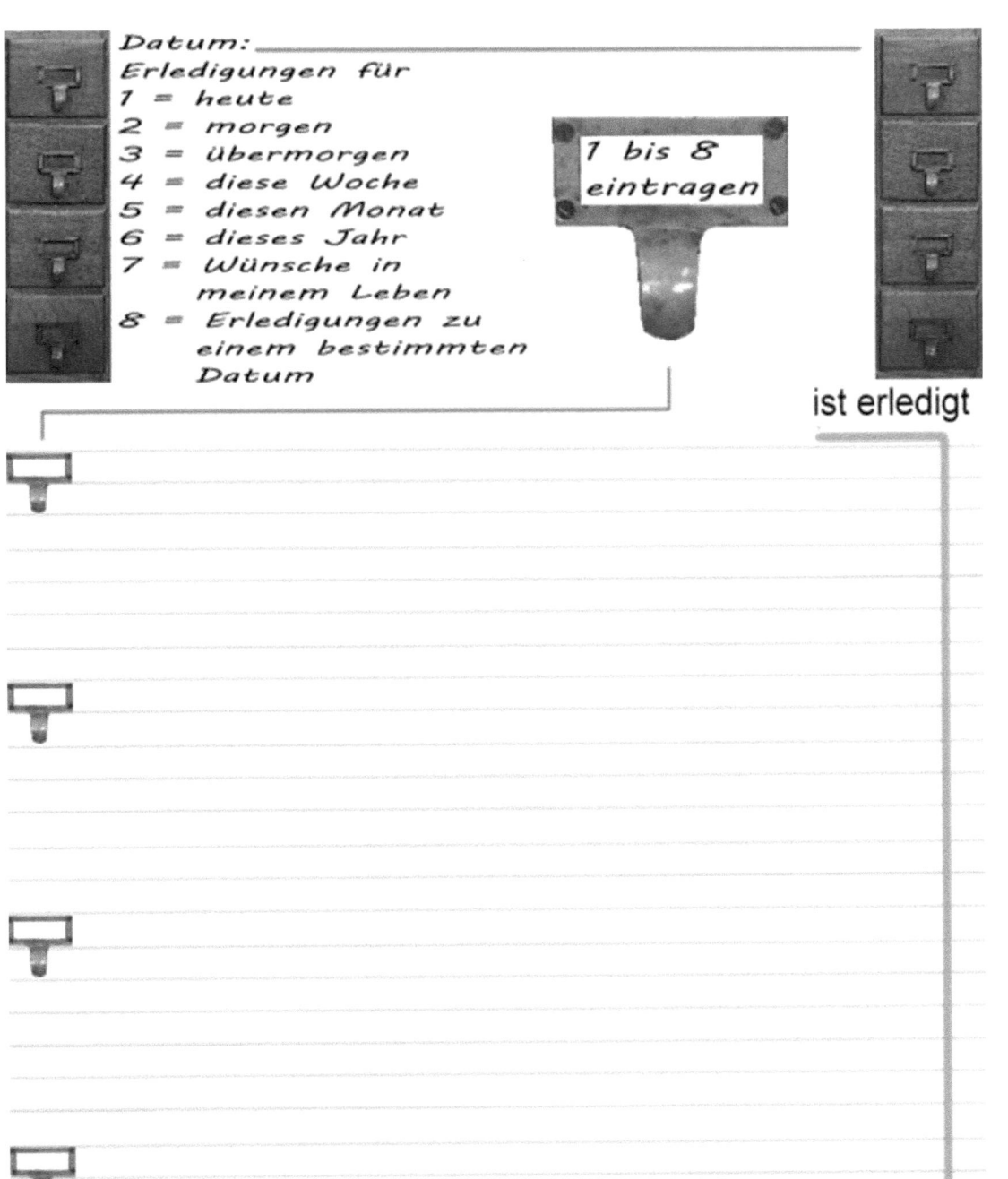

Datum:_____

Erledigungen für

1 = heute
2 = morgen
3 = übermorgen
4 = diese Woche
5 = diesen Monat
6 = dieses Jahr
7 = Wünsche in
    meinem Leben
8 = Erledigungen zu
    einem bestimmten
    Datum

1 bis 8
eintragen

ist erledigt

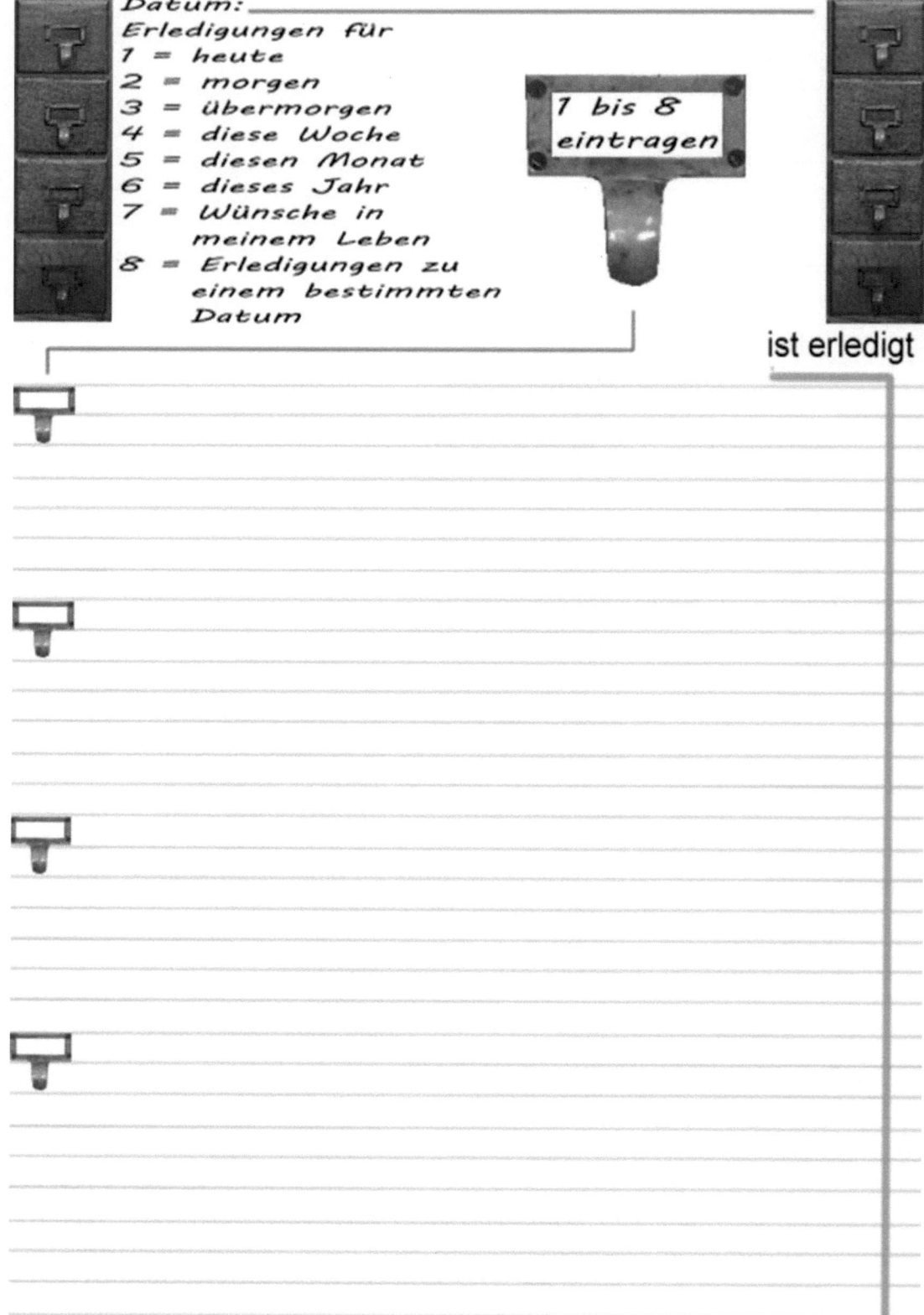

Datum: _____

Erledigungen für
1 = heute
2 = morgen
3 = übermorgen
4 = diese Woche
5 = diesen Monat
6 = dieses Jahr
7 = Wünsche in
    meinem Leben
8 = Erledigungen zu
    einem bestimmten
    Datum

1 bis 8
eintragen

ist erledigt

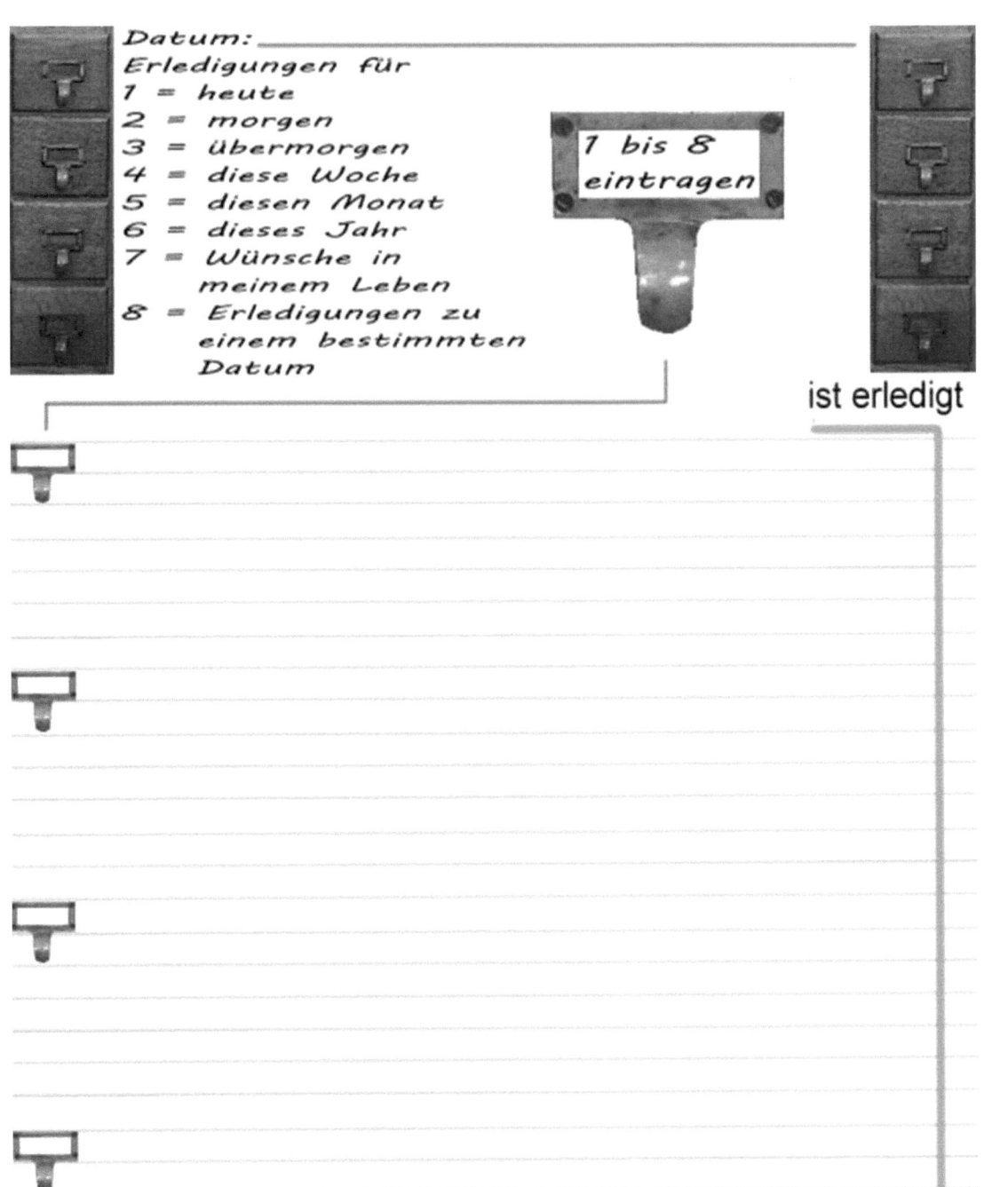

Datum: _____

Erledigungen für
1 = heute
2 = morgen
3 = übermorgen
4 = diese Woche
5 = diesen Monat
6 = dieses Jahr
7 = Wünsche in
    meinem Leben
8 = Erledigungen zu
    einem bestimmten
    Datum

1 bis 8 eintragen

ist erledigt

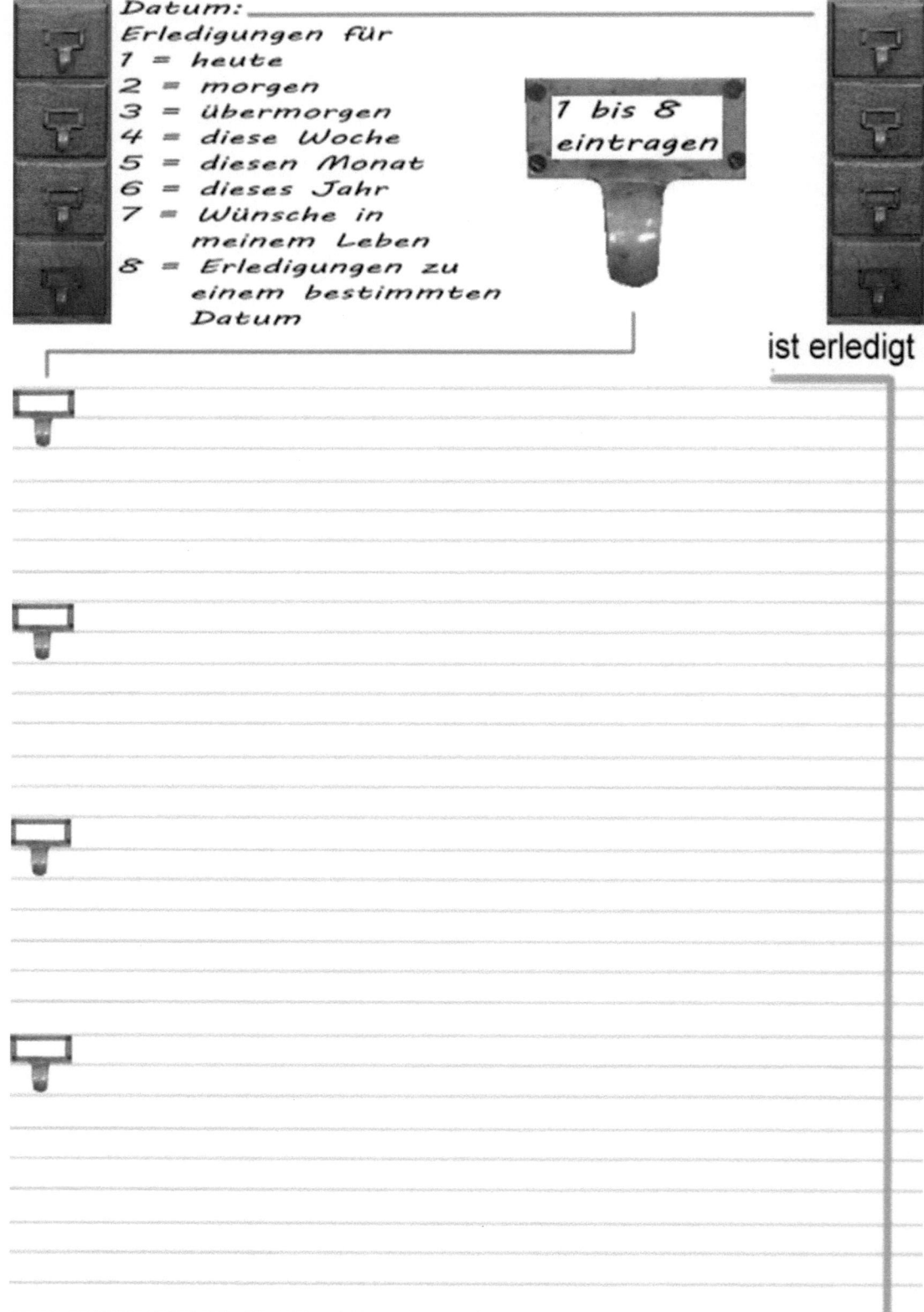

Datum: _____

Erledigungen für
1 = heute
2 = morgen
3 = übermorgen
4 = diese Woche
5 = diesen Monat
6 = dieses Jahr
7 = Wünsche in
    meinem Leben
8 = Erledigungen zu
    einem bestimmten
    Datum

1 bis 8
eintragen

ist erledigt

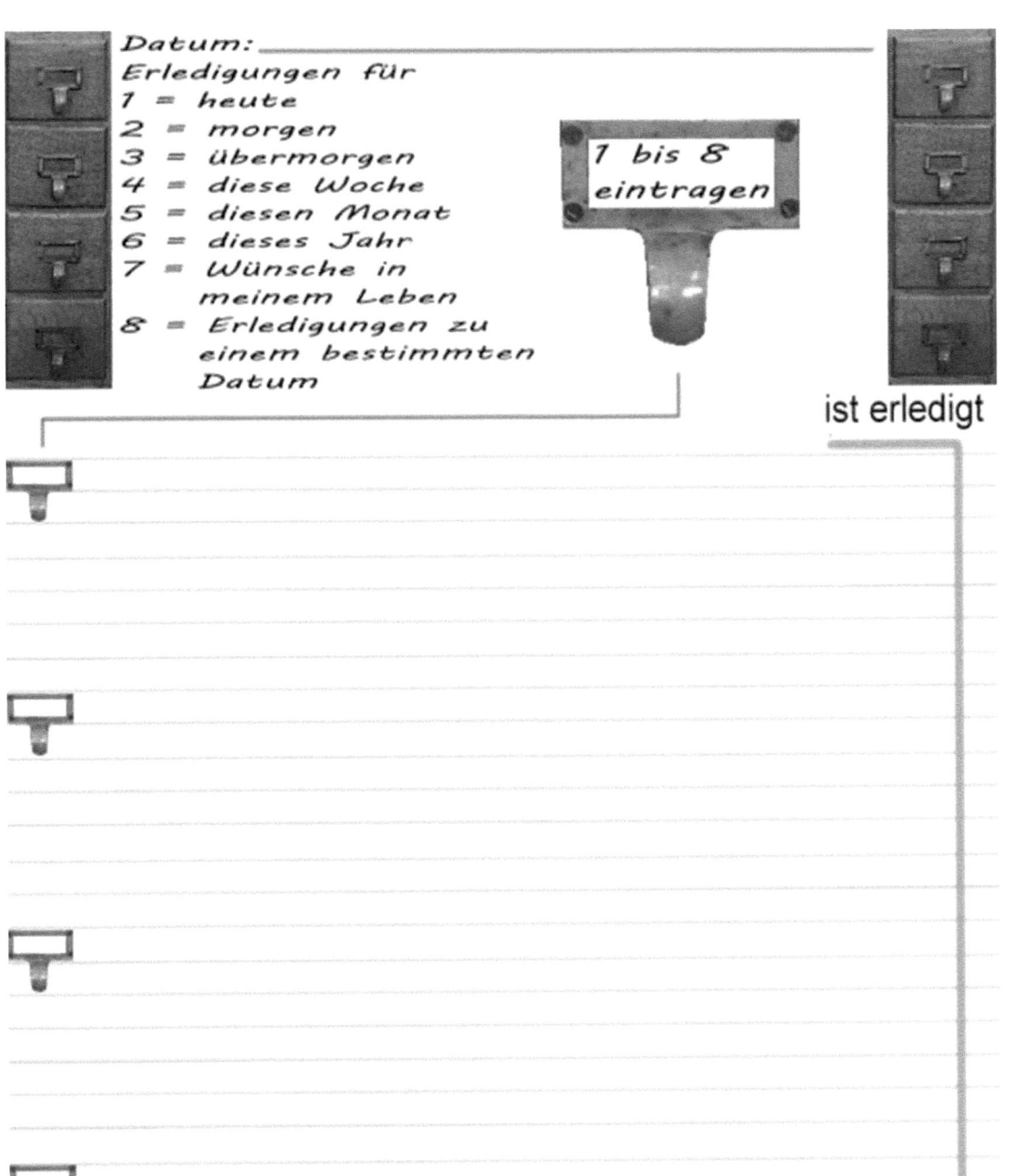

Datum:_____

Erledigungen für

1 = heute
2 = morgen
3 = übermorgen
4 = diese Woche
5 = diesen Monat
6 = dieses Jahr
7 = Wünsche in
    meinem Leben
8 = Erledigungen zu
    einem bestimmten
    Datum

1 bis 8 eintragen

ist erledigt

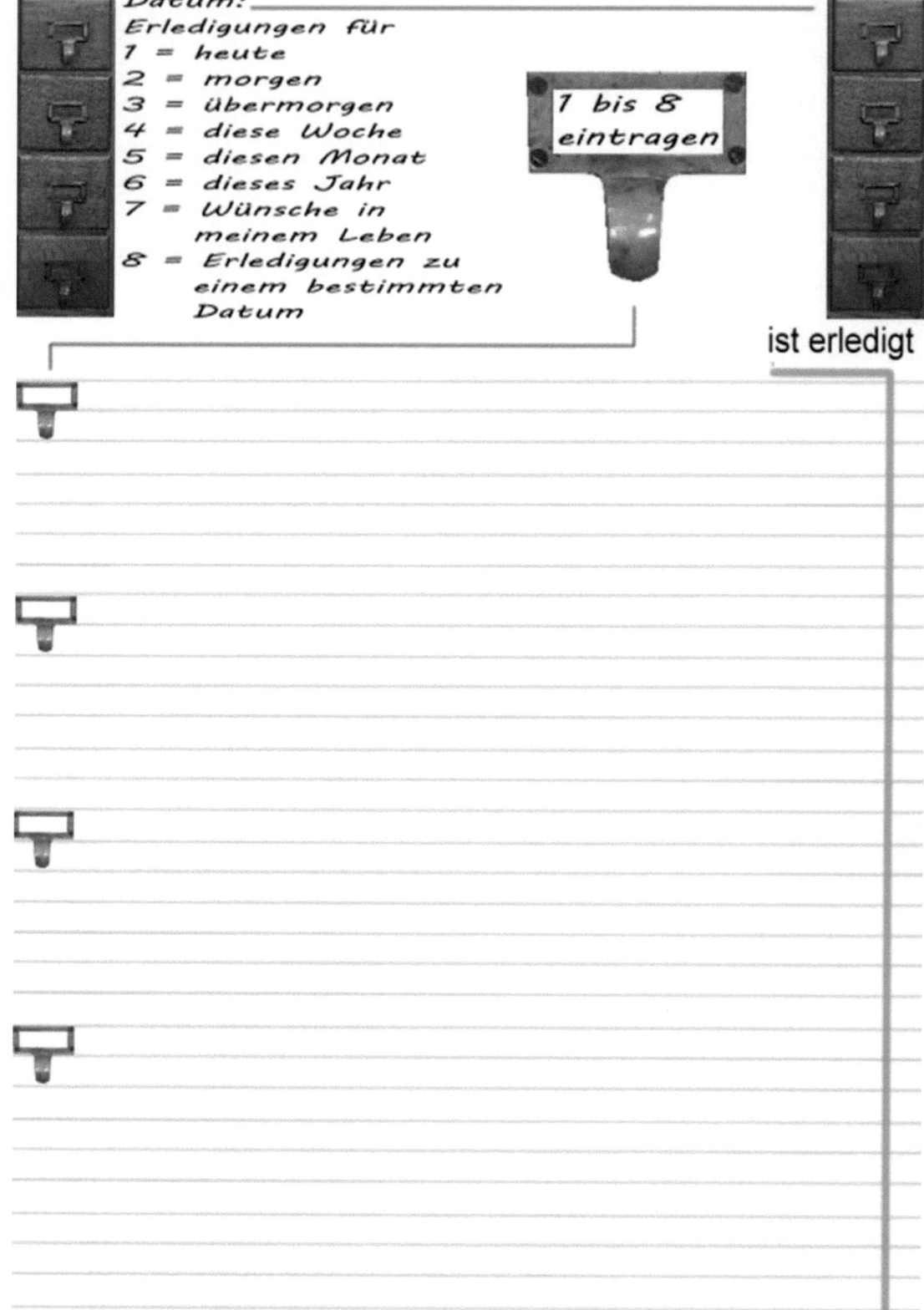

Datum: _____

Erledigungen für
1 = heute
2 = morgen
3 = übermorgen
4 = diese Woche
5 = diesen Monat
6 = dieses Jahr
7 = Wünsche in
    meinem Leben
8 = Erledigungen zu
    einem bestimmten
    Datum

1 bis 8
eintragen

ist erledigt

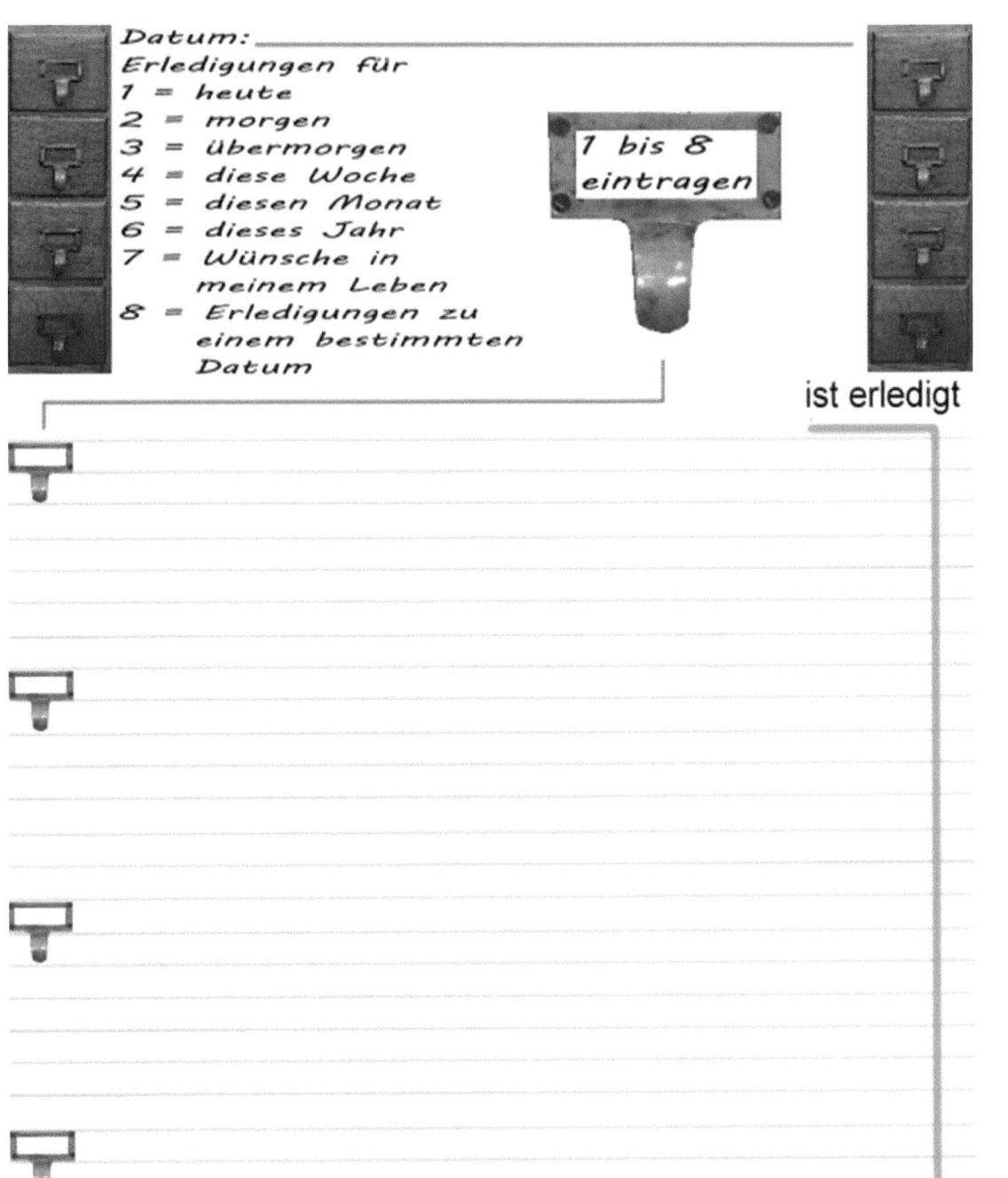

Datum:_____

Erledigungen für

1 = heute
2 = morgen
3 = übermorgen
4 = diese Woche
5 = diesen Monat
6 = dieses Jahr
7 = Wünsche in
    meinem Leben
8 = Erledigungen zu
    einem bestimmten
    Datum

1 bis 8 eintragen

ist erledigt

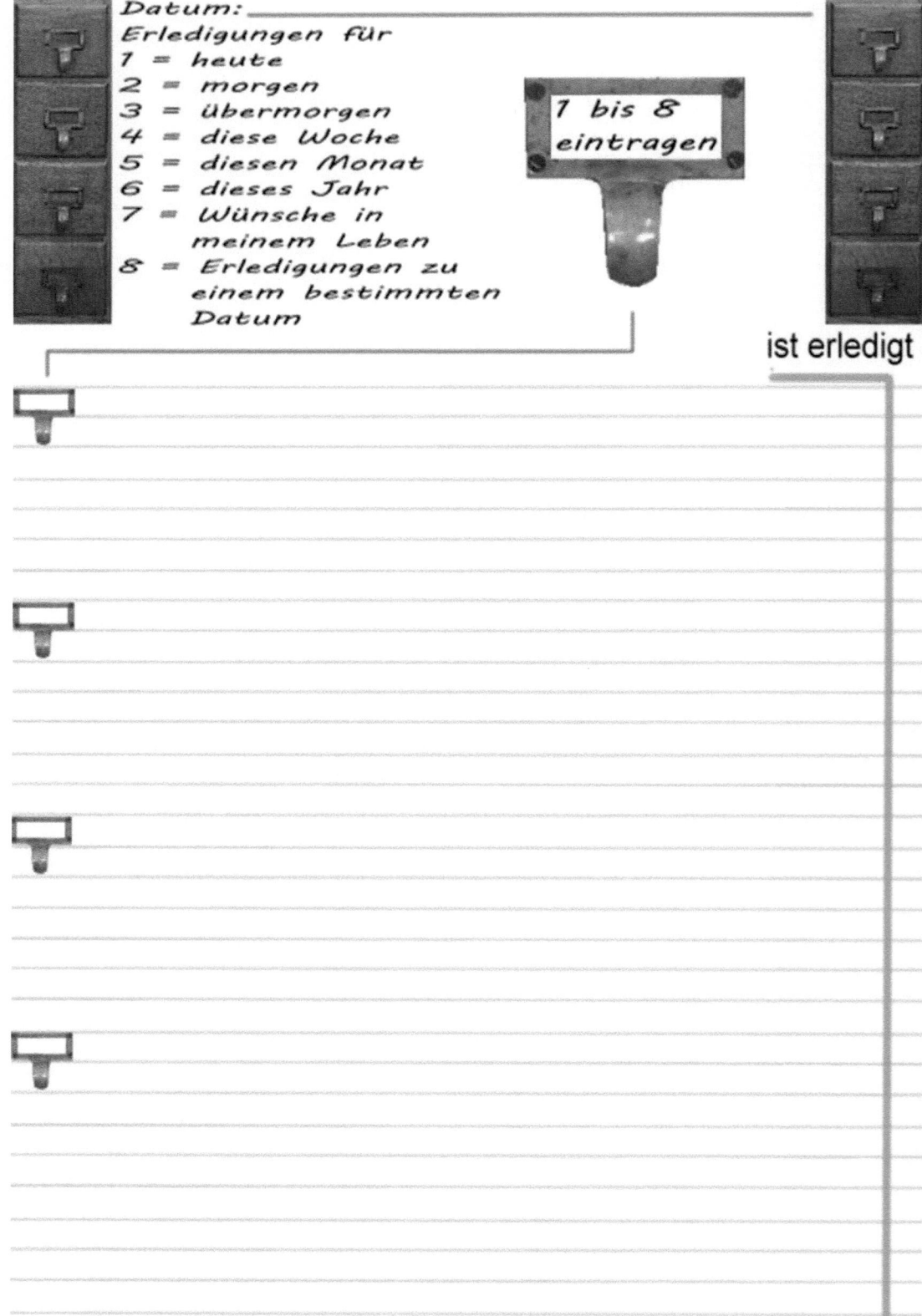

Datum: _____

Erledigungen für
1 = heute
2 = morgen
3 = übermorgen
4 = diese Woche
5 = diesen Monat
6 = dieses Jahr
7 = Wünsche in
    meinem Leben
8 = Erledigungen zu
    einem bestimmten
    Datum

1 bis 8 eintragen

ist erledigt

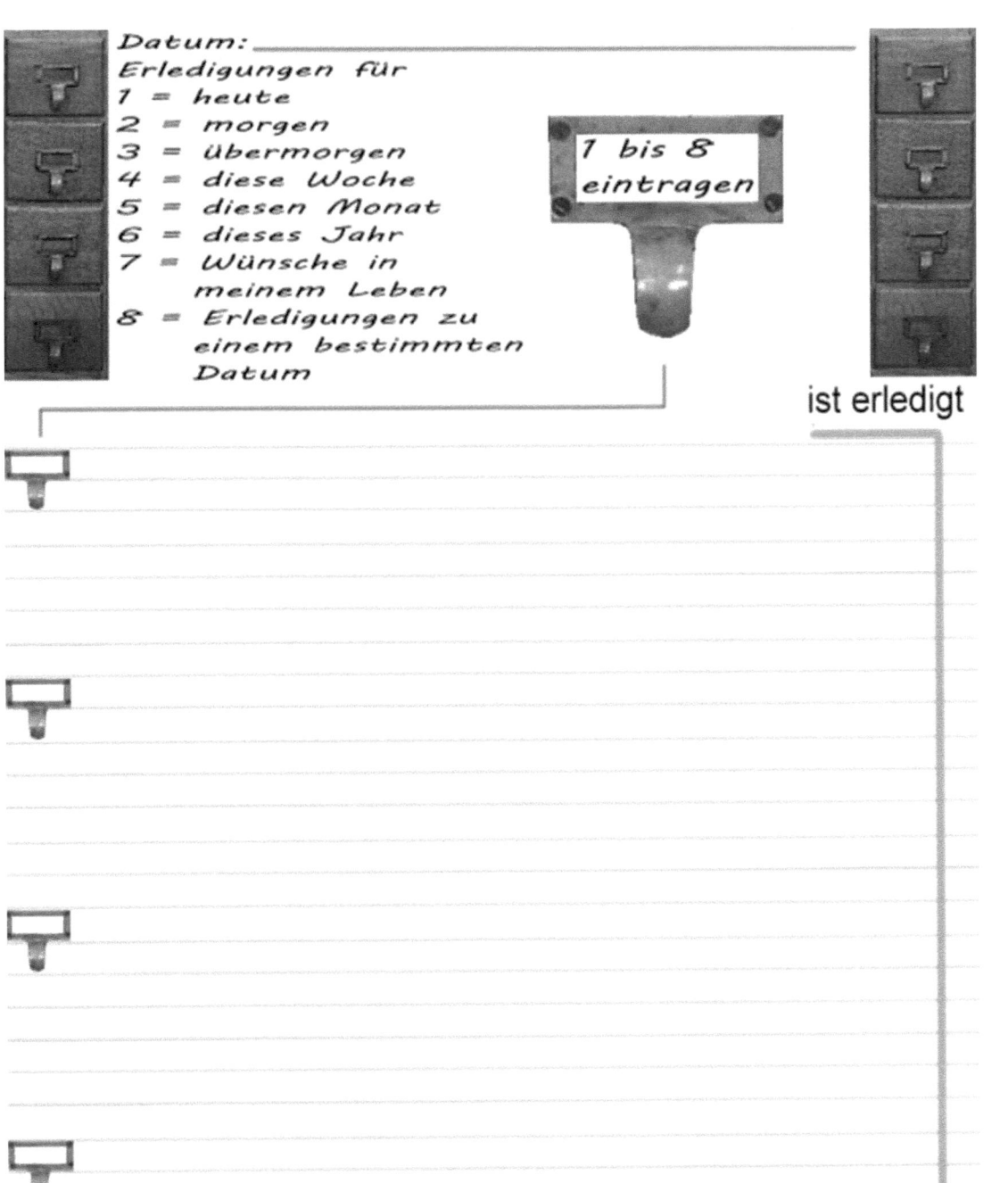

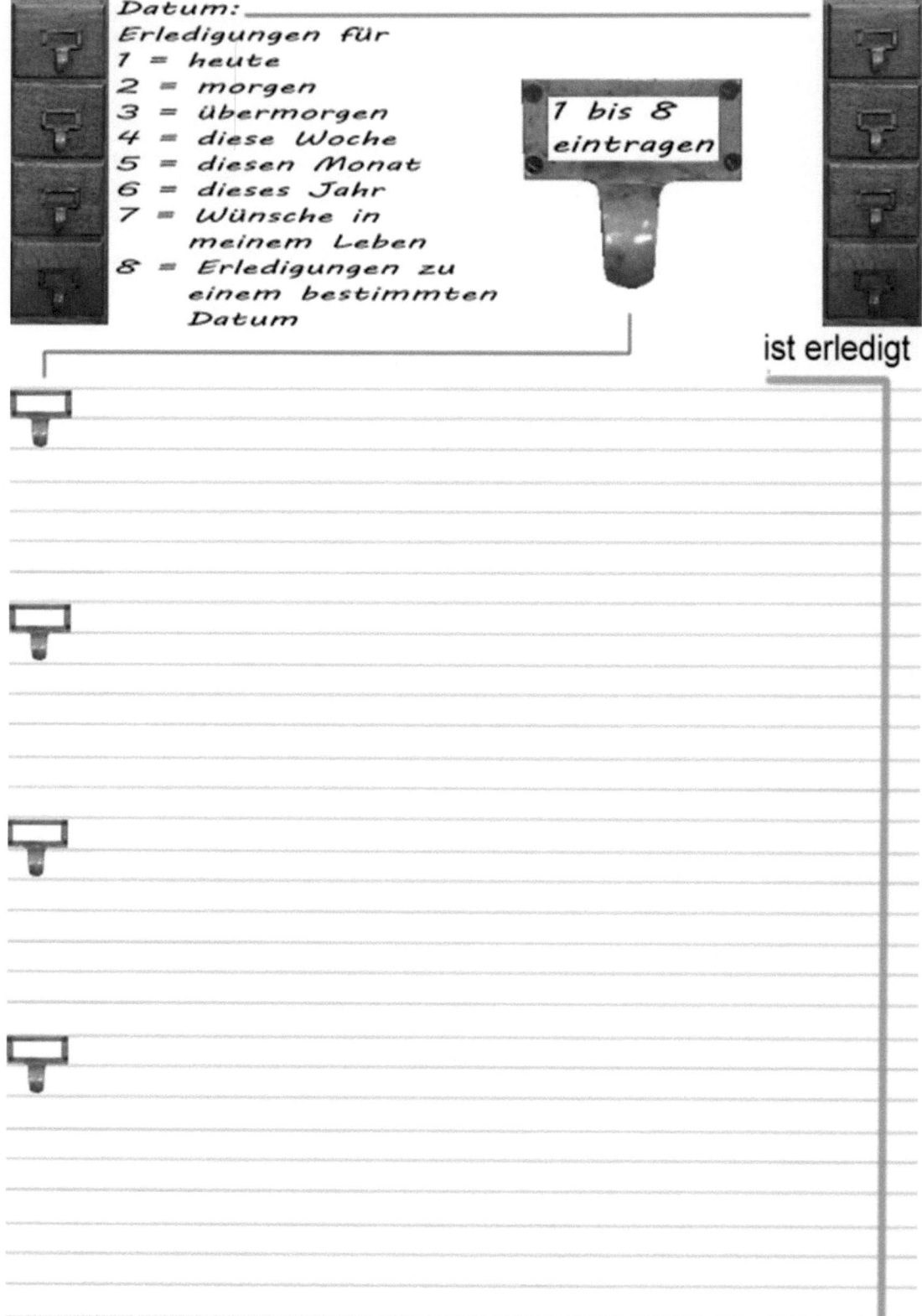

Datum: _____

Erledigungen für
1 = heute
2 = morgen
3 = übermorgen
4 = diese Woche
5 = diesen Monat
6 = dieses Jahr
7 = Wünsche in
    meinem Leben
8 = Erledigungen zu
    einem bestimmten
    Datum

1 bis 8
eintragen

ist erledigt

Datum: _____

Erledigungen für
1 = heute
2 = morgen
3 = übermorgen
4 = diese Woche
5 = diesen Monat
6 = dieses Jahr
7 = Wünsche in
    meinem Leben
8 = Erledigungen zu
    einem bestimmten
    Datum

1 bis 8
eintragen

ist erledigt

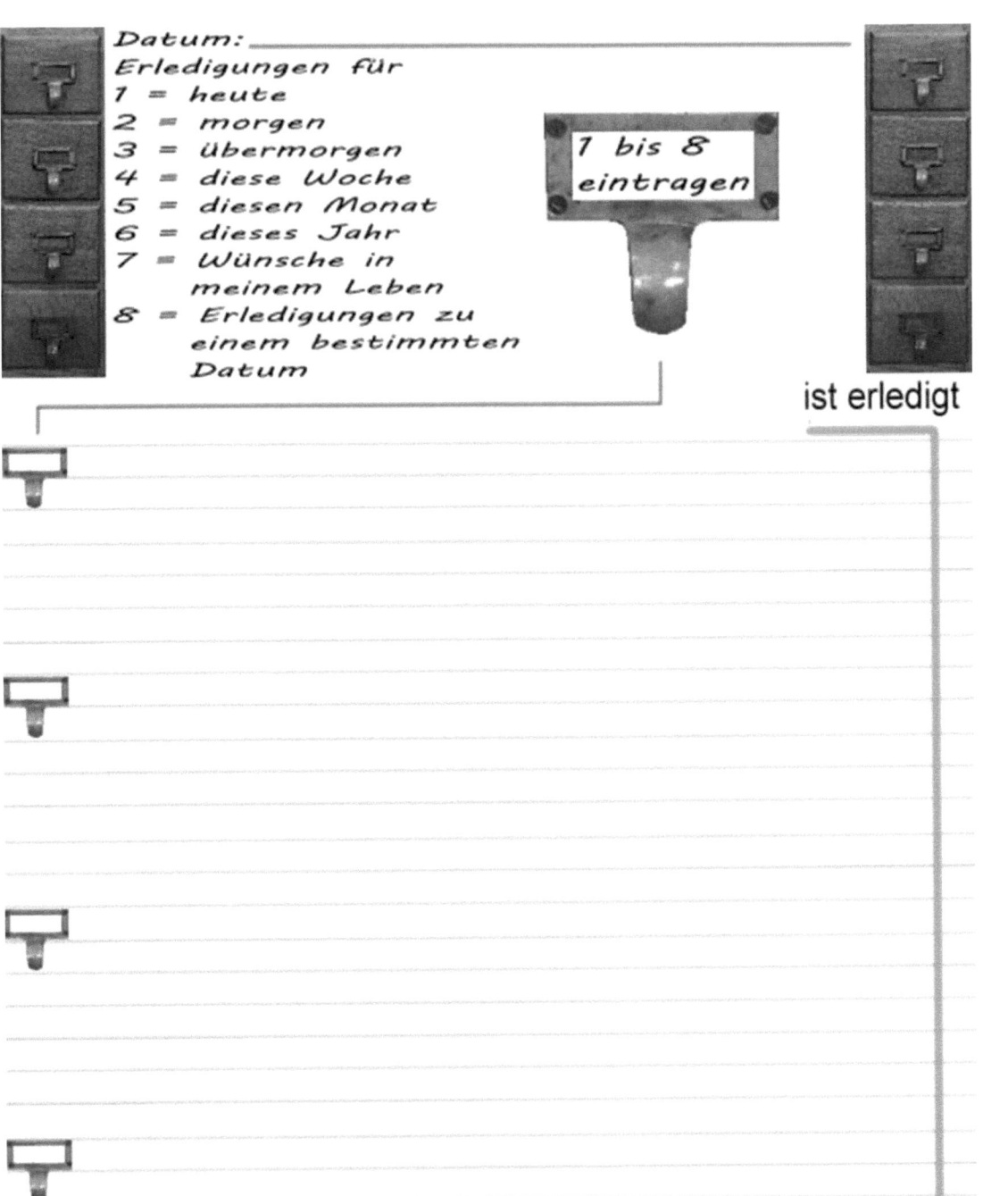

Datum: _____

Erledigungen für
1 = heute
2 = morgen
3 = übermorgen
4 = diese Woche
5 = diesen Monat
6 = dieses Jahr
7 = Wünsche in
     meinem Leben
8 = Erledigungen zu
     einem bestimmten
     Datum

1 bis 8 eintragen

ist erledigt

Datum: _____

Erledigungen für

1 = heute
2 = morgen
3 = übermorgen
4 = diese Woche
5 = diesen Monat
6 = dieses Jahr
7 = Wünsche in
    meinem Leben
8 = Erledigungen zu
    einem bestimmten
    Datum

1 bis 8 eintragen

ist erledigt

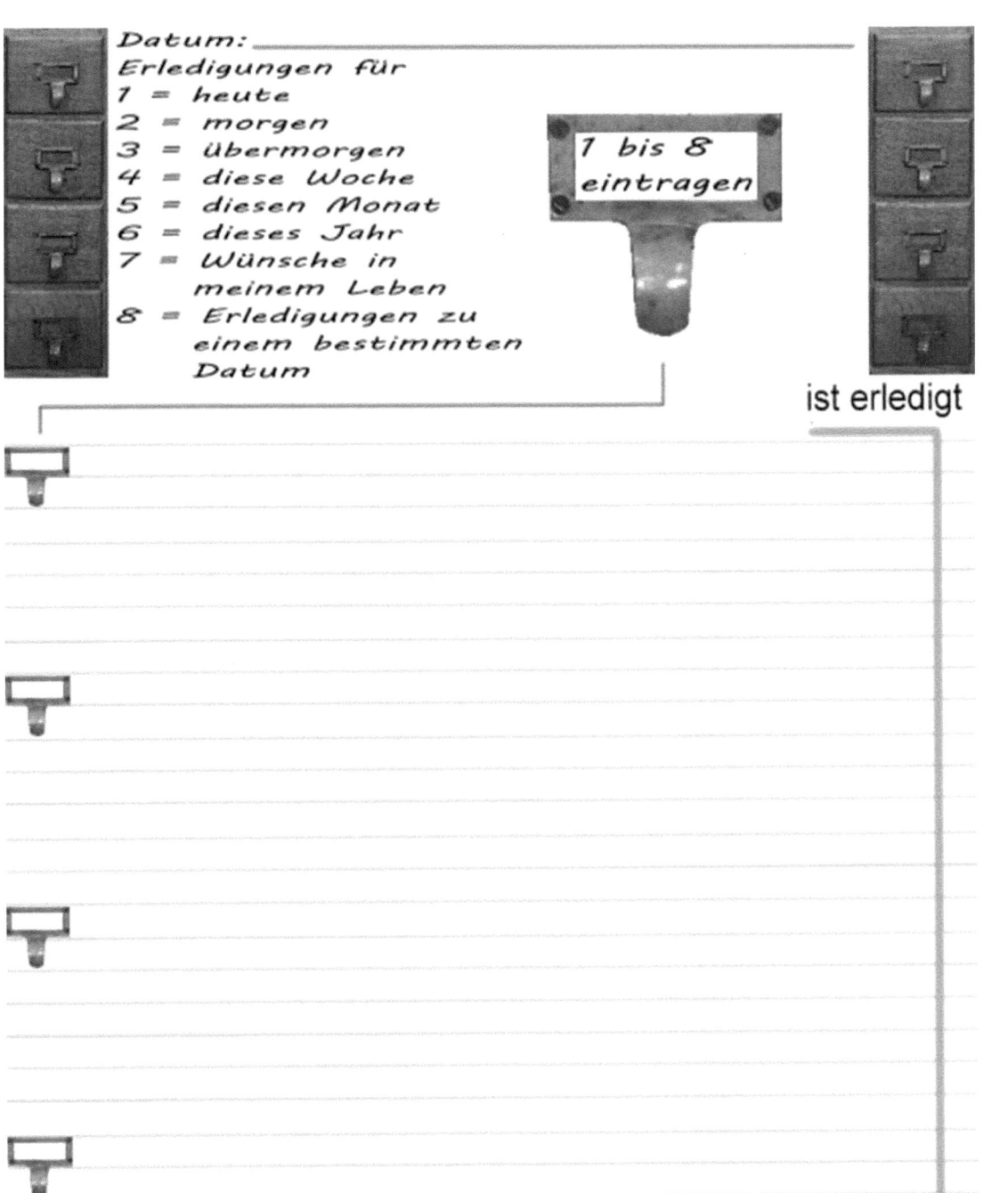

Datum: _____

Erledigungen für
1 = heute
2 = morgen
3 = übermorgen
4 = diese Woche
5 = diesen Monat
6 = dieses Jahr
7 = Wünsche in
   meinem Leben
8 = Erledigungen zu
   einem bestimmten
   Datum

1 bis 8
eintragen

ist erledigt

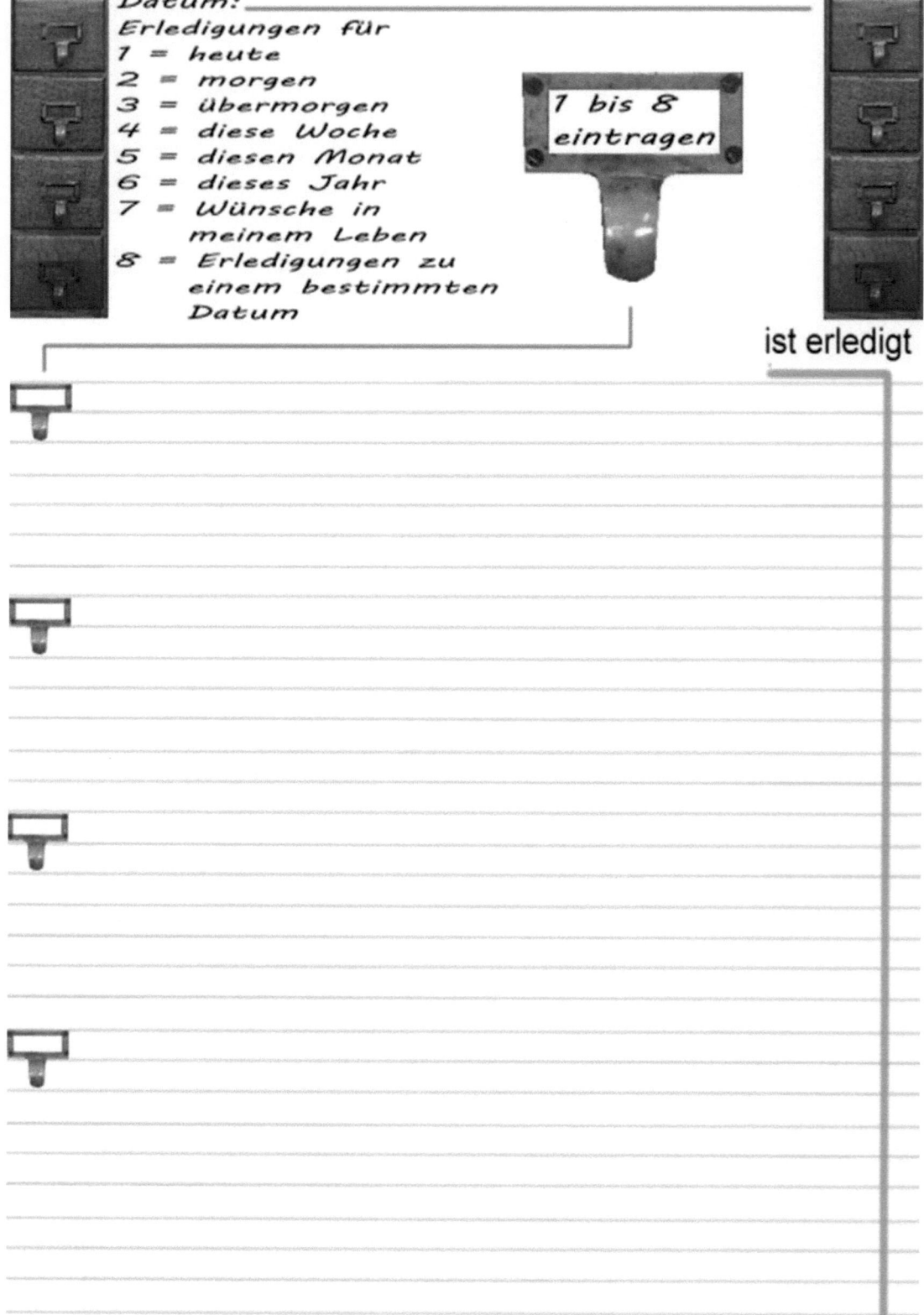

Datum: _____
Erledigungen für
1 = heute
2 = morgen
3 = übermorgen
4 = diese Woche
5 = diesen Monat
6 = dieses Jahr
7 = Wünsche in
    meinem Leben
8 = Erledigungen zu
    einem bestimmten
    Datum

1 bis 8 eintragen

ist erledigt

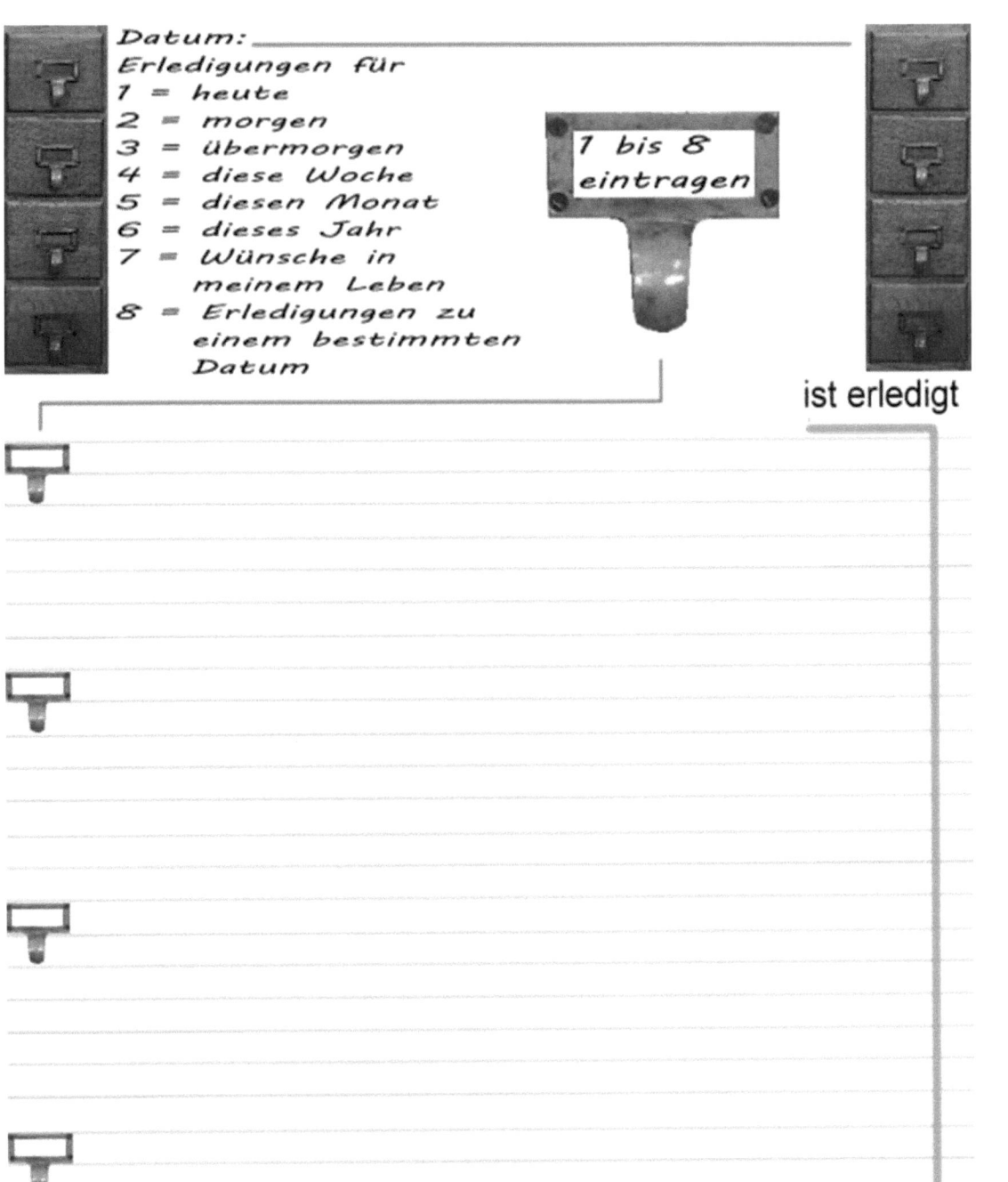

Datum: _____

Erledigungen für
1 = heute
2 = morgen
3 = übermorgen
4 = diese Woche
5 = diesen Monat
6 = dieses Jahr
7 = Wünsche in
     meinem Leben
8 = Erledigungen zu
     einem bestimmten
     Datum

1 bis 8
eintragen

ist erledigt

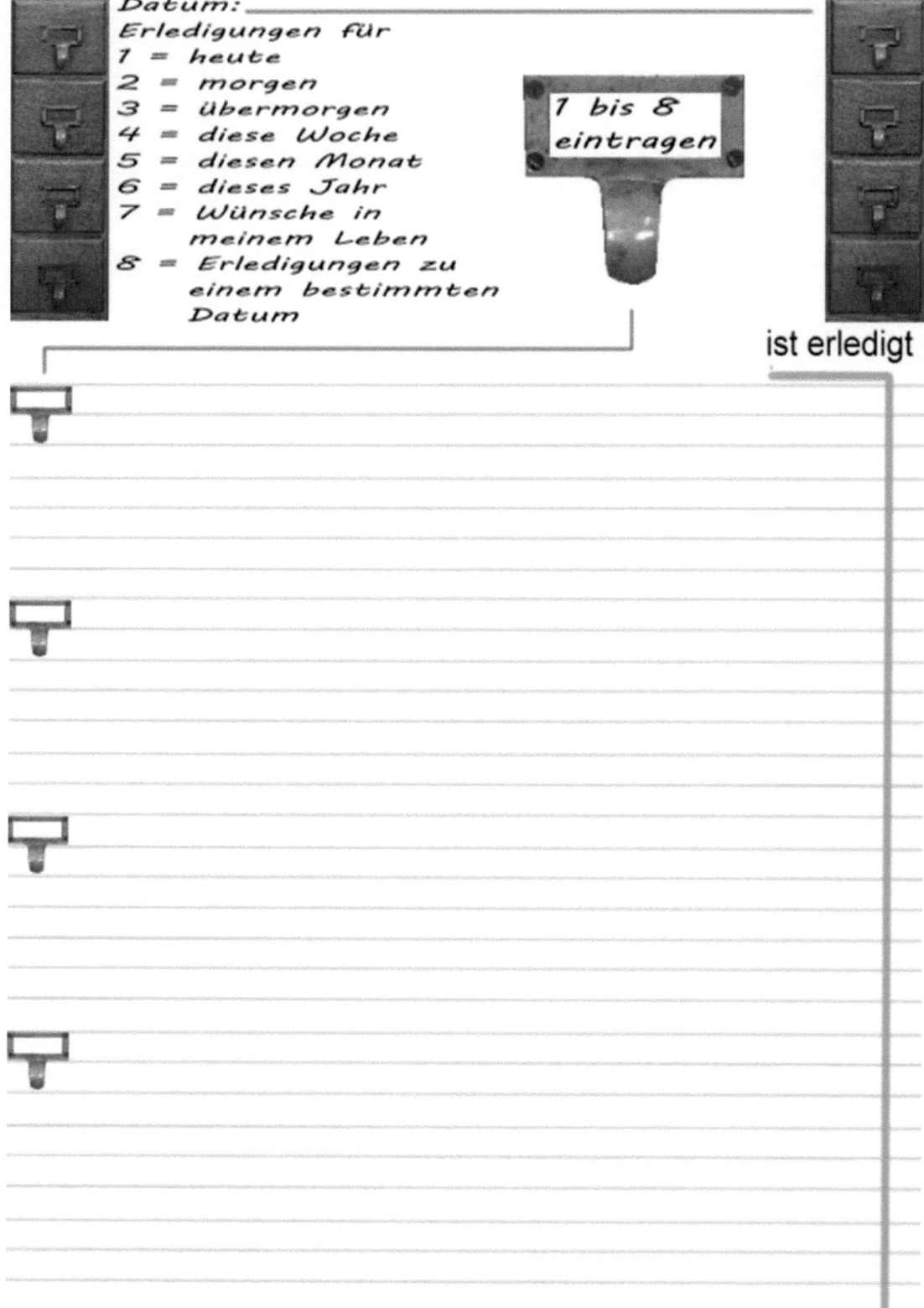

Datum: _____

Erledigungen für
1 = heute
2 = morgen
3 = übermorgen
4 = diese Woche
5 = diesen Monat
6 = dieses Jahr
7 = Wünsche in
    meinem Leben
8 = Erledigungen zu
    einem bestimmten
    Datum

1 bis 8
eintragen

ist erledigt

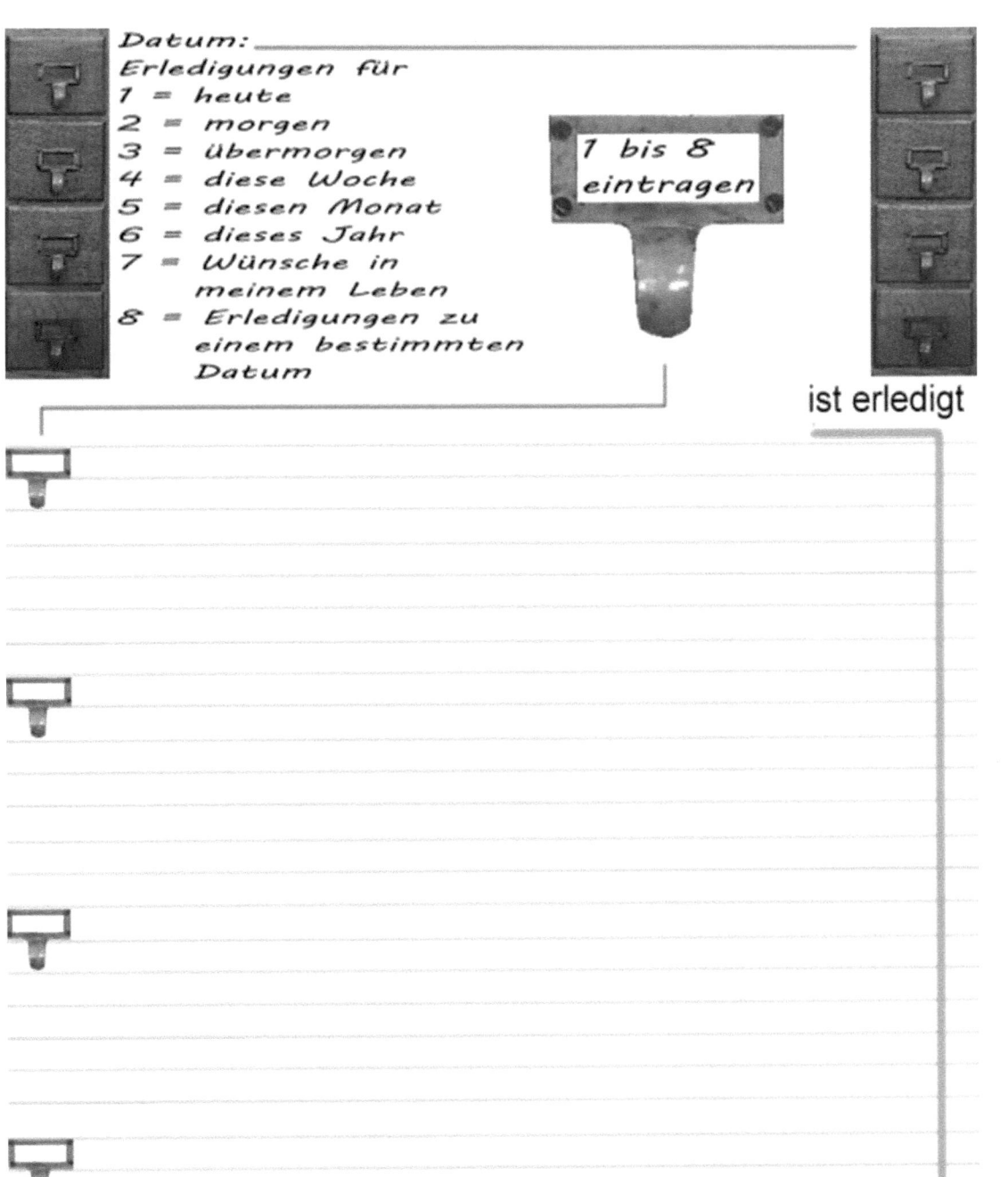

Datum: _____

Erledigungen für
1 = heute
2 = morgen
3 = übermorgen
4 = diese Woche
5 = diesen Monat
6 = dieses Jahr
7 = Wünsche in
    meinem Leben
8 = Erledigungen zu
    einem bestimmten
    Datum

1 bis 8
eintragen

ist erledigt

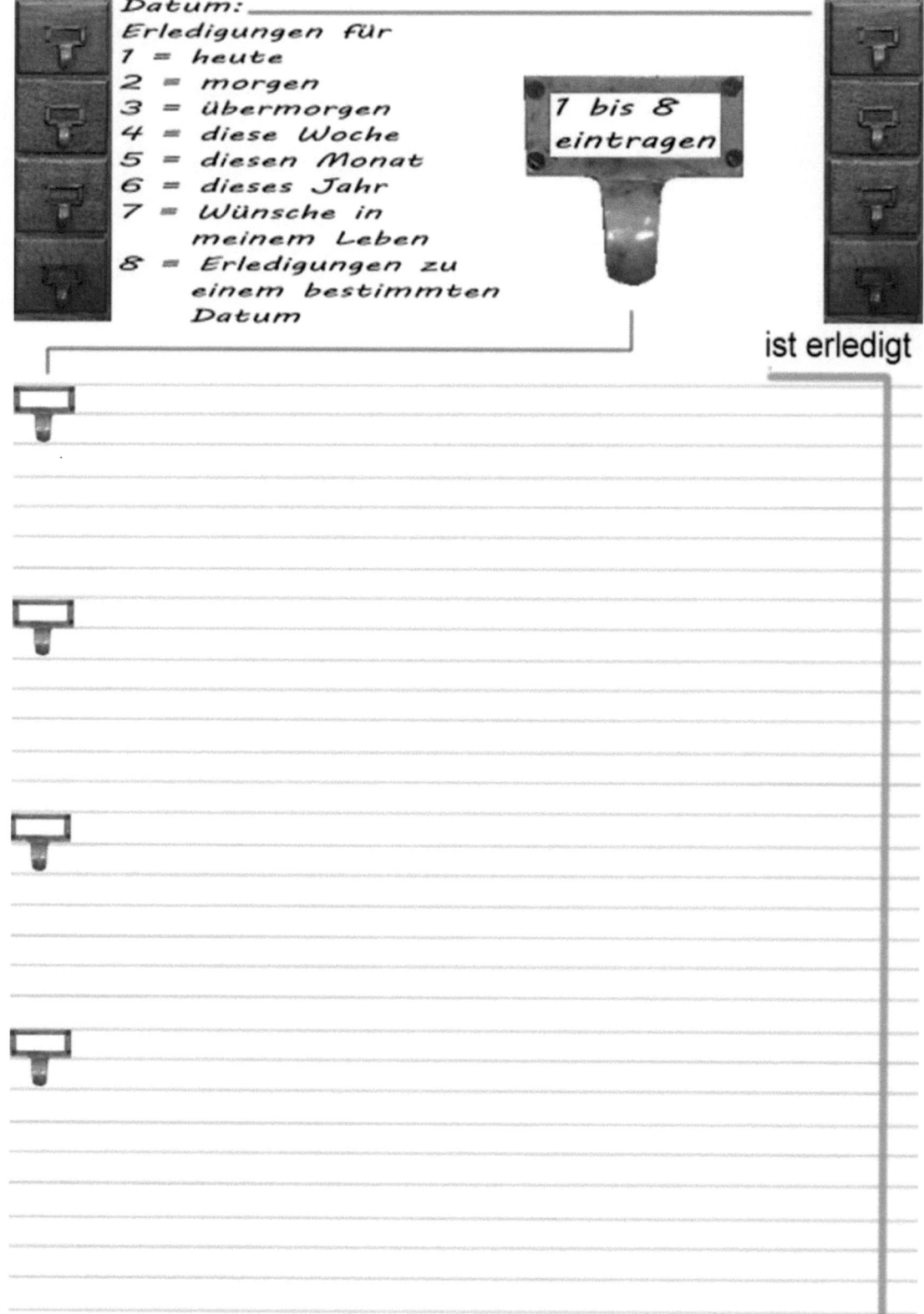

Datum: _____

Erledigungen für
1 = heute
2 = morgen
3 = übermorgen
4 = diese Woche
5 = diesen Monat
6 = dieses Jahr
7 = Wünsche in
      meinem Leben
8 = Erledigungen zu
      einem bestimmten
      Datum

1 bis 8
eintragen

ist erledigt

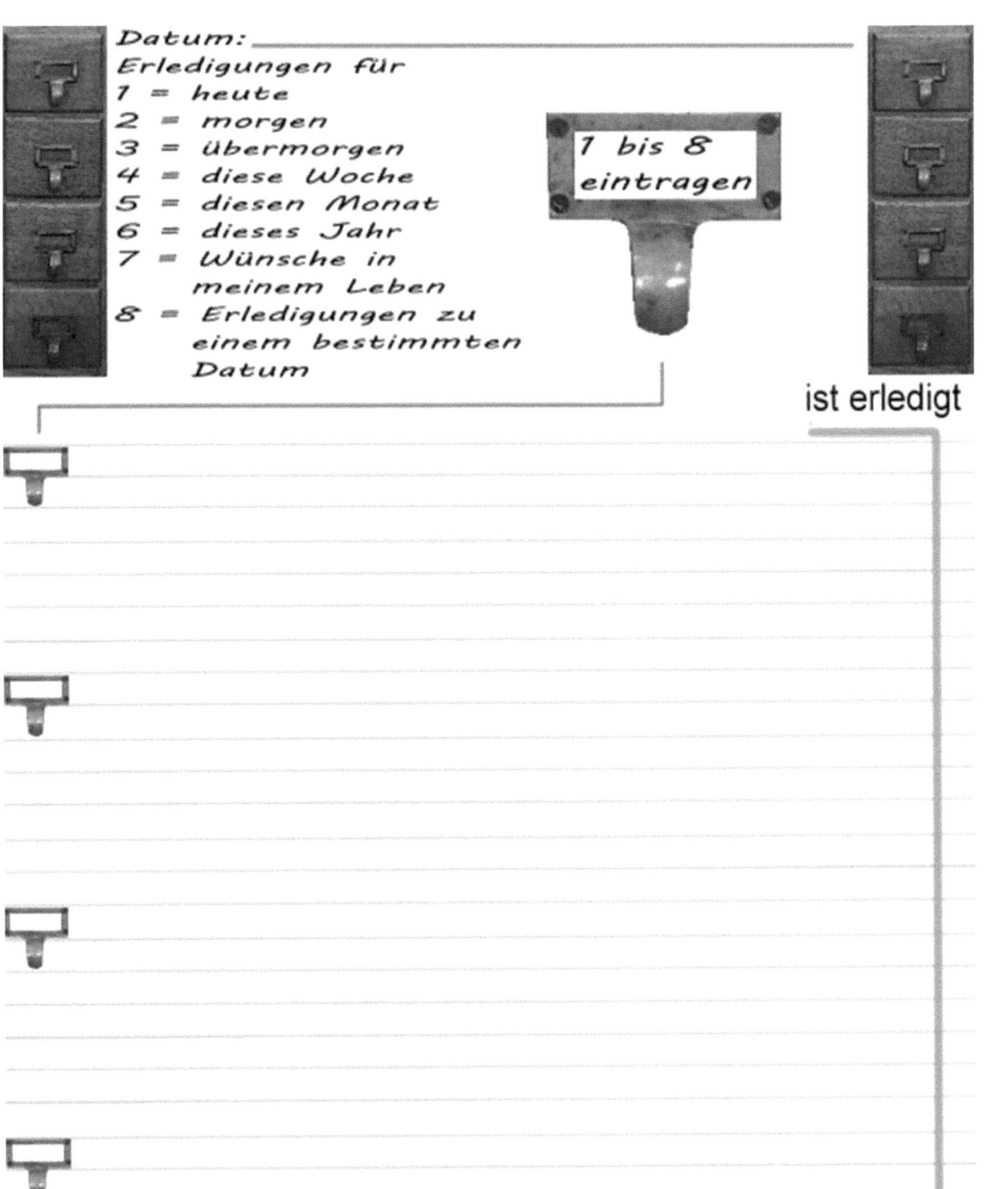

Datum: _____

Erledigungen für
1 = heute
2 = morgen
3 = übermorgen
4 = diese Woche
5 = diesen Monat
6 = dieses Jahr
7 = Wünsche in
    meinem Leben
8 = Erledigungen zu
    einem bestimmten
    Datum

1 bis 8
eintragen

ist erledigt

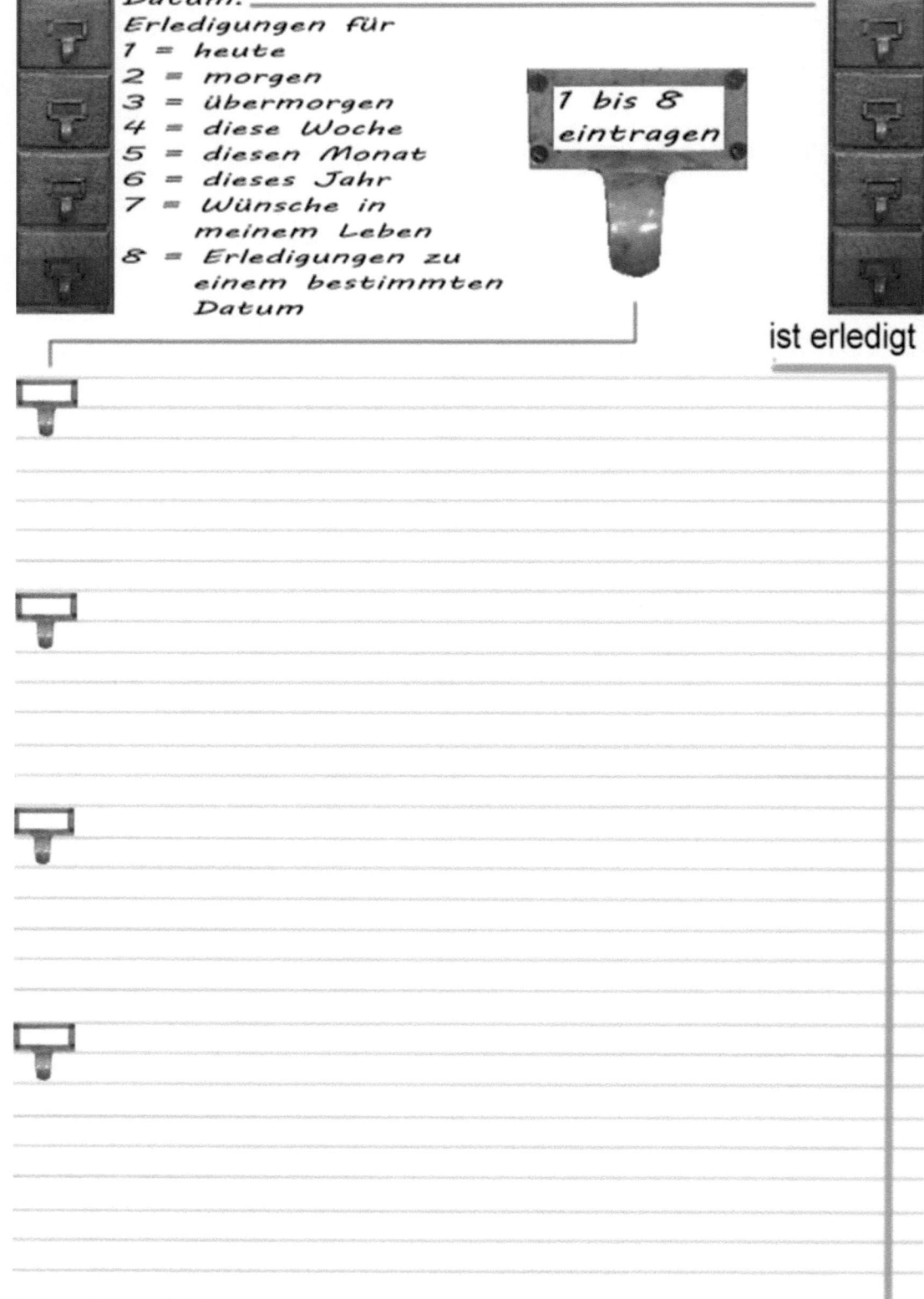

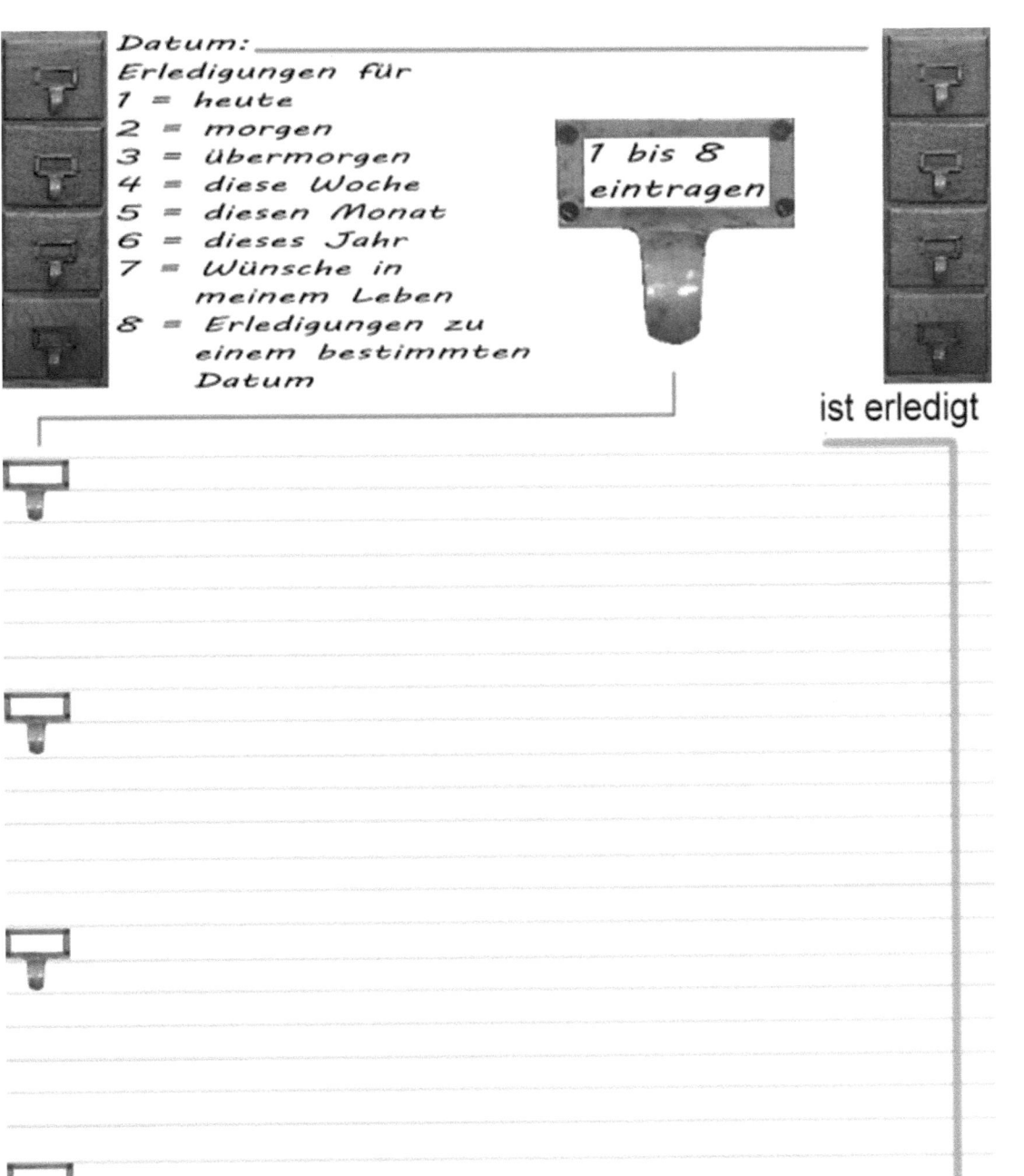

Datum: _____

Erledigungen für

1 = heute
2 = morgen
3 = übermorgen
4 = diese Woche
5 = diesen Monat
6 = dieses Jahr
7 = Wünsche in
    meinem Leben
8 = Erledigungen zu
    einem bestimmten
    Datum

1 bis 8
eintragen

ist erledigt

Datum:_____

Erledigungen für
1 = heute
2 = morgen
3 = übermorgen
4 = diese Woche
5 = diesen Monat
6 = dieses Jahr
7 = Wünsche in
    meinem Leben
8 = Erledigungen zu
    einem bestimmten
    Datum

1 bis 8
eintragen

ist erledigt

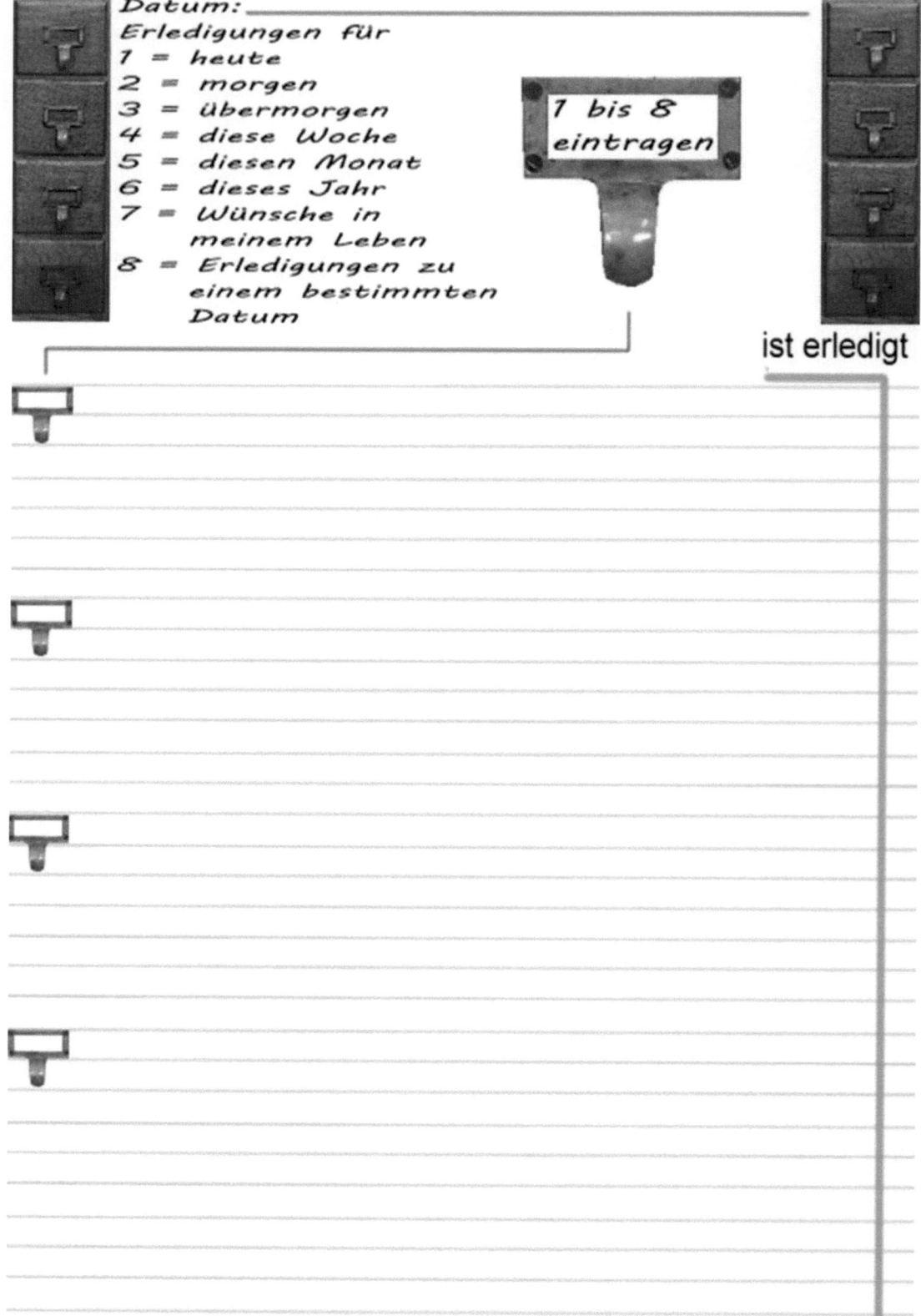

Datum: _____

Erledigungen für
1 = heute
2 = morgen
3 = übermorgen
4 = diese Woche
5 = diesen Monat
6 = dieses Jahr
7 = Wünsche in
    meinem Leben
8 = Erledigungen zu
    einem bestimmten
    Datum

1 bis 8
eintragen

ist erledigt

Datum: _____

Erledigungen für
1 = heute
2 = morgen
3 = übermorgen
4 = diese Woche
5 = diesen Monat
6 = dieses Jahr
7 = Wünsche in
    meinem Leben
8 = Erledigungen zu
    einem bestimmten
    Datum

1 bis 8
eintragen

ist erledigt

Datum: _____

Erledigungen für

1 = heute
2 = morgen
3 = übermorgen
4 = diese Woche
5 = diesen Monat
6 = dieses Jahr
7 = Wünsche in
    meinem Leben
8 = Erledigungen zu
    einem bestimmten
    Datum

1 bis 8 eintragen

ist erledigt

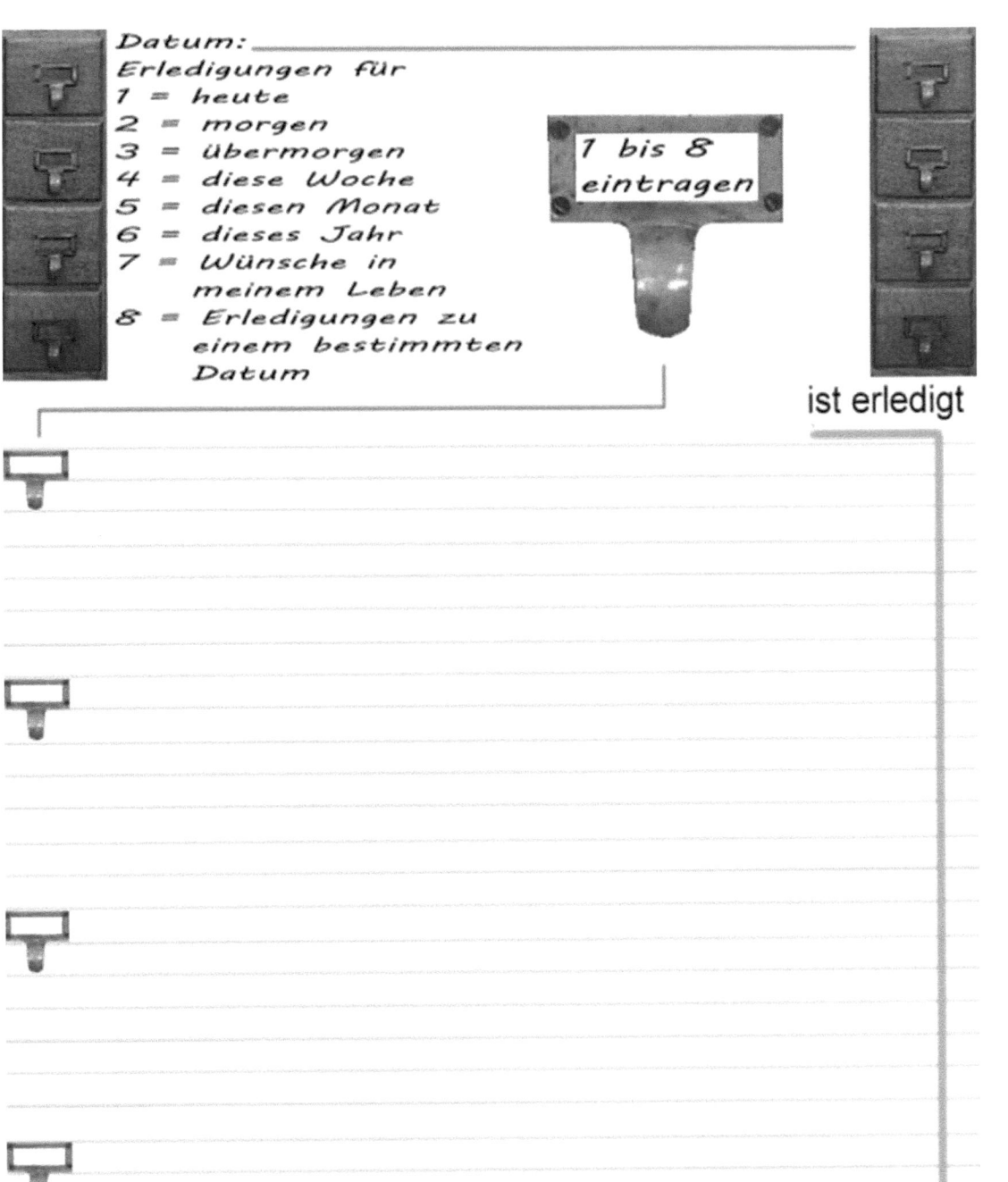

Datum: _____

Erledigungen für
1 = heute
2 = morgen
3 = übermorgen
4 = diese Woche
5 = diesen Monat
6 = dieses Jahr
7 = Wünsche in
    meinem Leben
8 = Erledigungen zu
    einem bestimmten
    Datum

1 bis 8
eintragen

ist erledigt

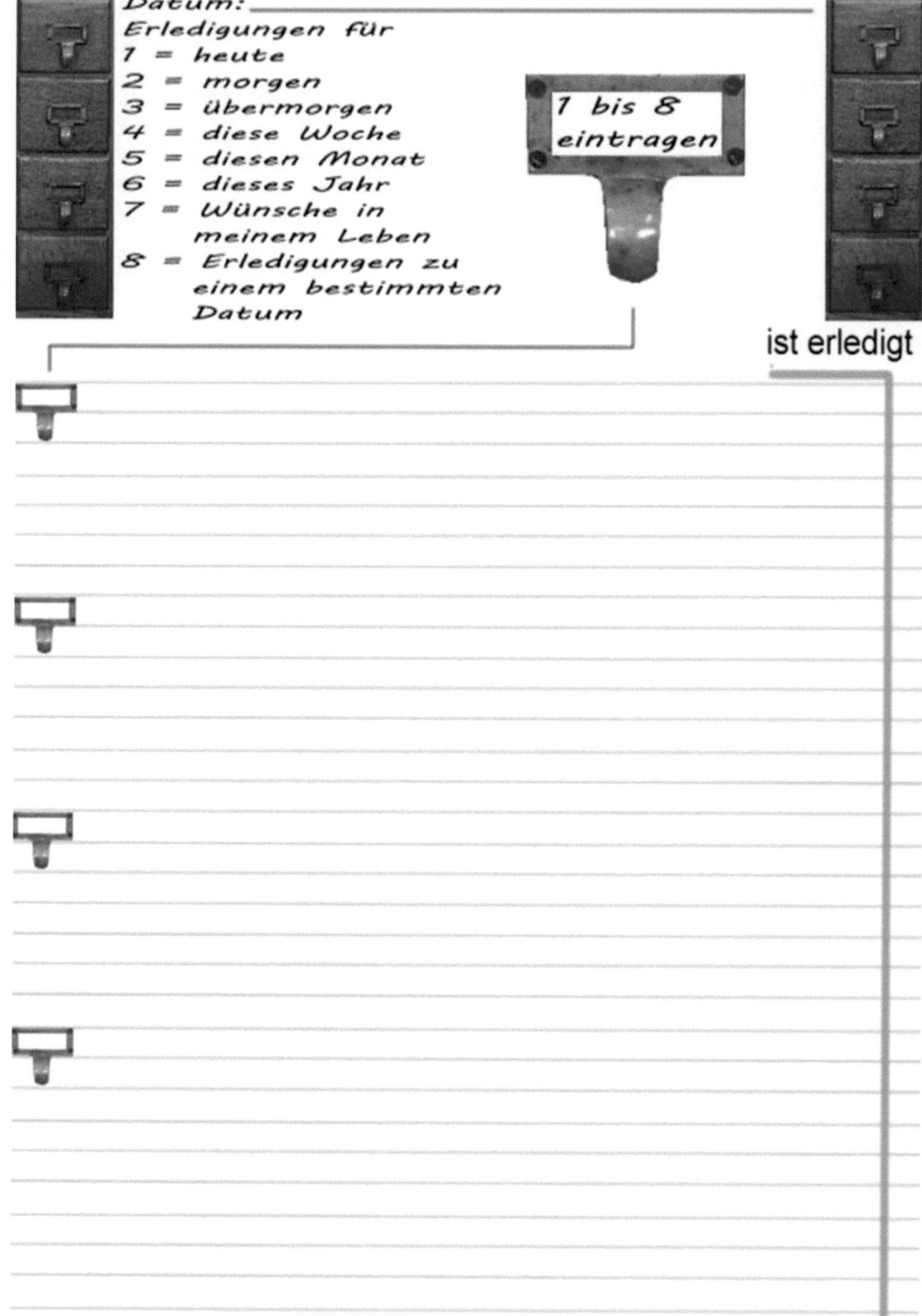

Datum: _____

Erledigungen für

1 = heute
2 = morgen
3 = übermorgen
4 = diese Woche
5 = diesen Monat
6 = dieses Jahr
7 = Wünsche in
    meinem Leben
8 = Erledigungen zu
    einem bestimmten
    Datum

1 bis 8 eintragen

ist erledigt

Datum:_____

Erledigungen für

1 = heute
2 = morgen
3 = übermorgen
4 = diese Woche
5 = diesen Monat
6 = dieses Jahr
7 = Wünsche in
    meinem Leben
8 = Erledigungen zu
    einem bestimmten
    Datum

1 bis 8
eintragen

ist erledigt

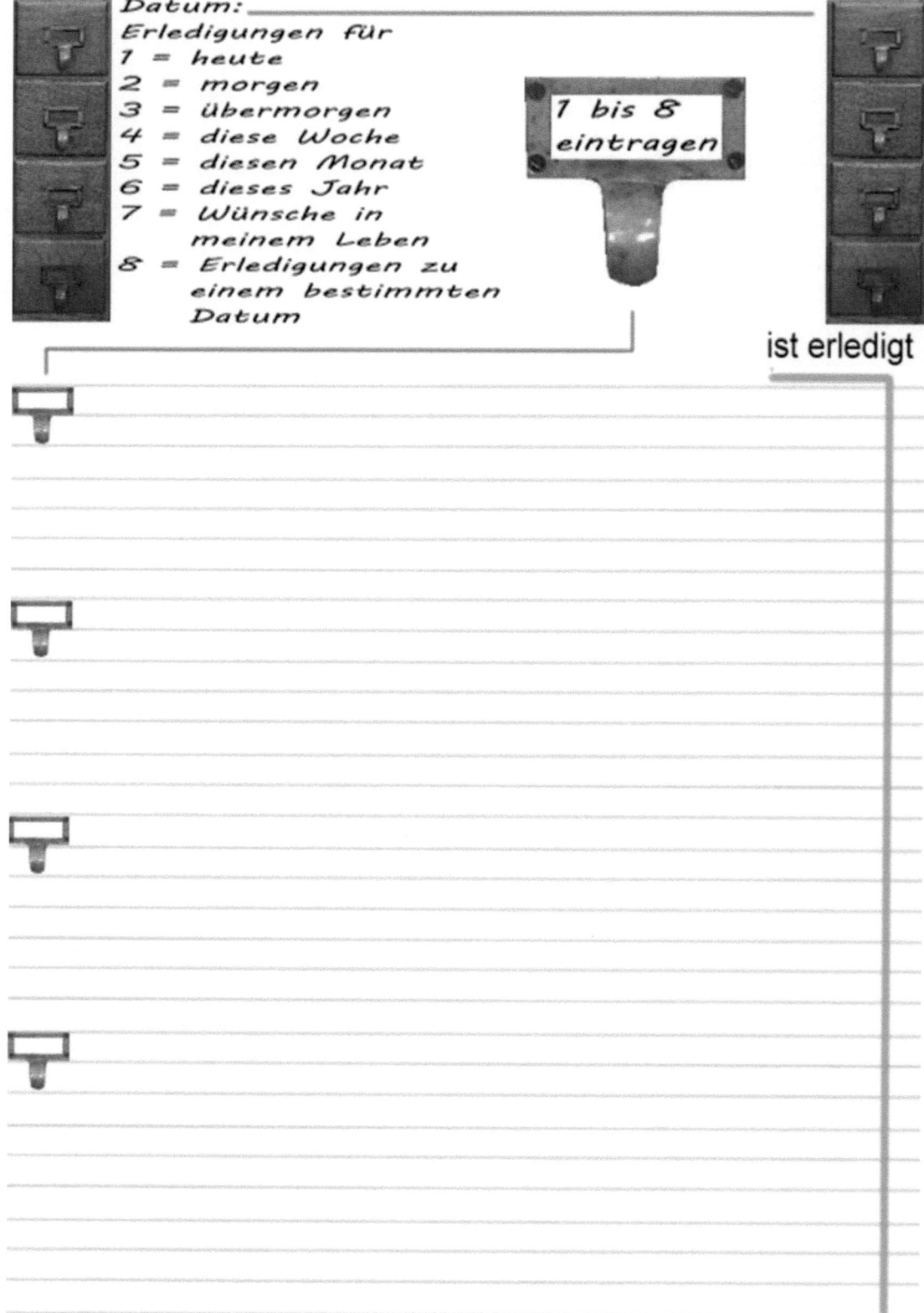

Datum: _____

Erledigungen für
1 = heute
2 = morgen
3 = übermorgen
4 = diese Woche
5 = diesen Monat
6 = dieses Jahr
7 = Wünsche in
    meinem Leben
8 = Erledigungen zu
    einem bestimmten
    Datum

1 bis 8
eintragen

ist erledigt

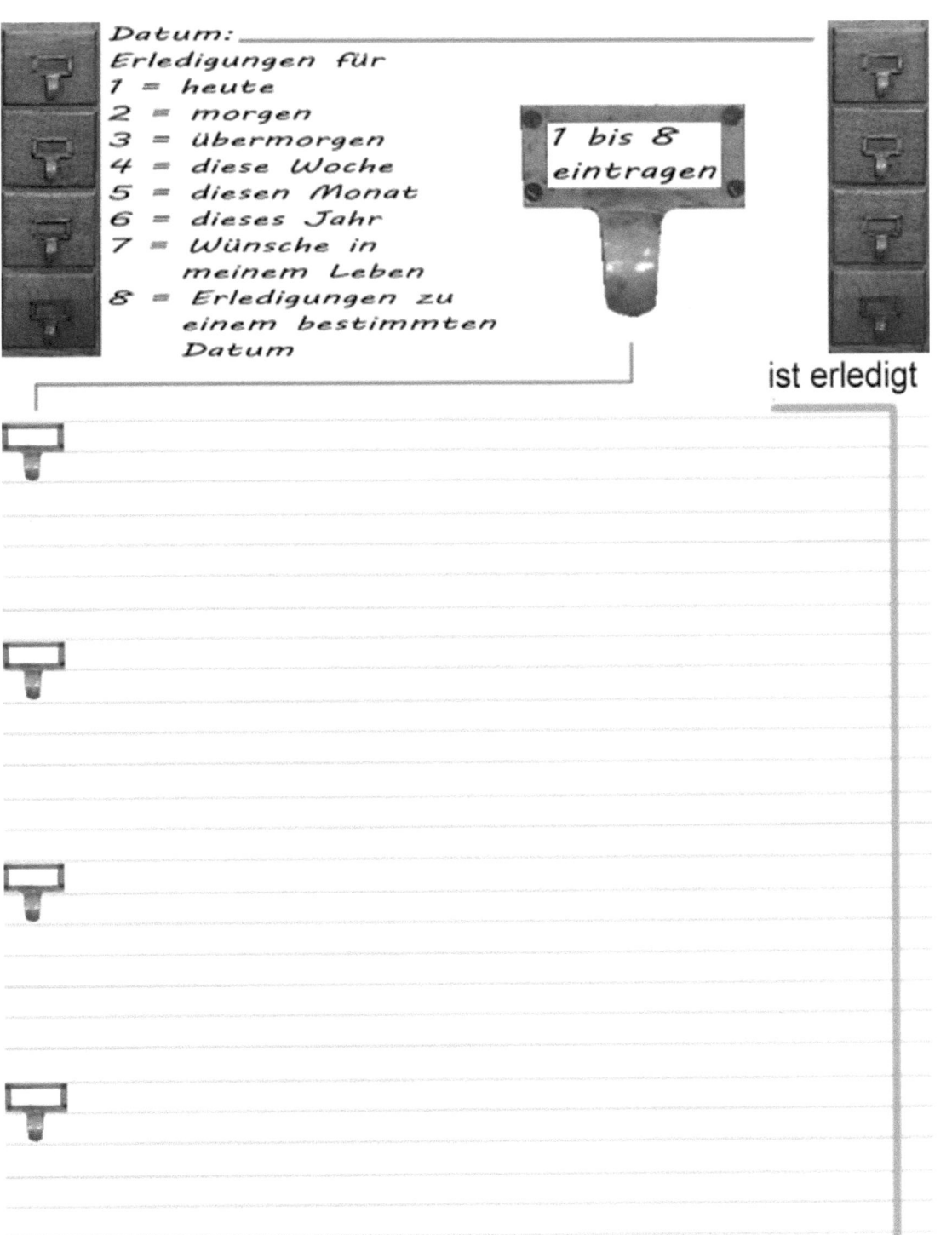

Datum:_____

Erledigungen für
1 = heute
2 = morgen
3 = übermorgen
4 = diese Woche
5 = diesen Monat
6 = dieses Jahr
7 = Wünsche in
    meinem Leben
8 = Erledigungen zu
    einem bestimmten
    Datum

1 bis 8
eintragen

ist erledigt

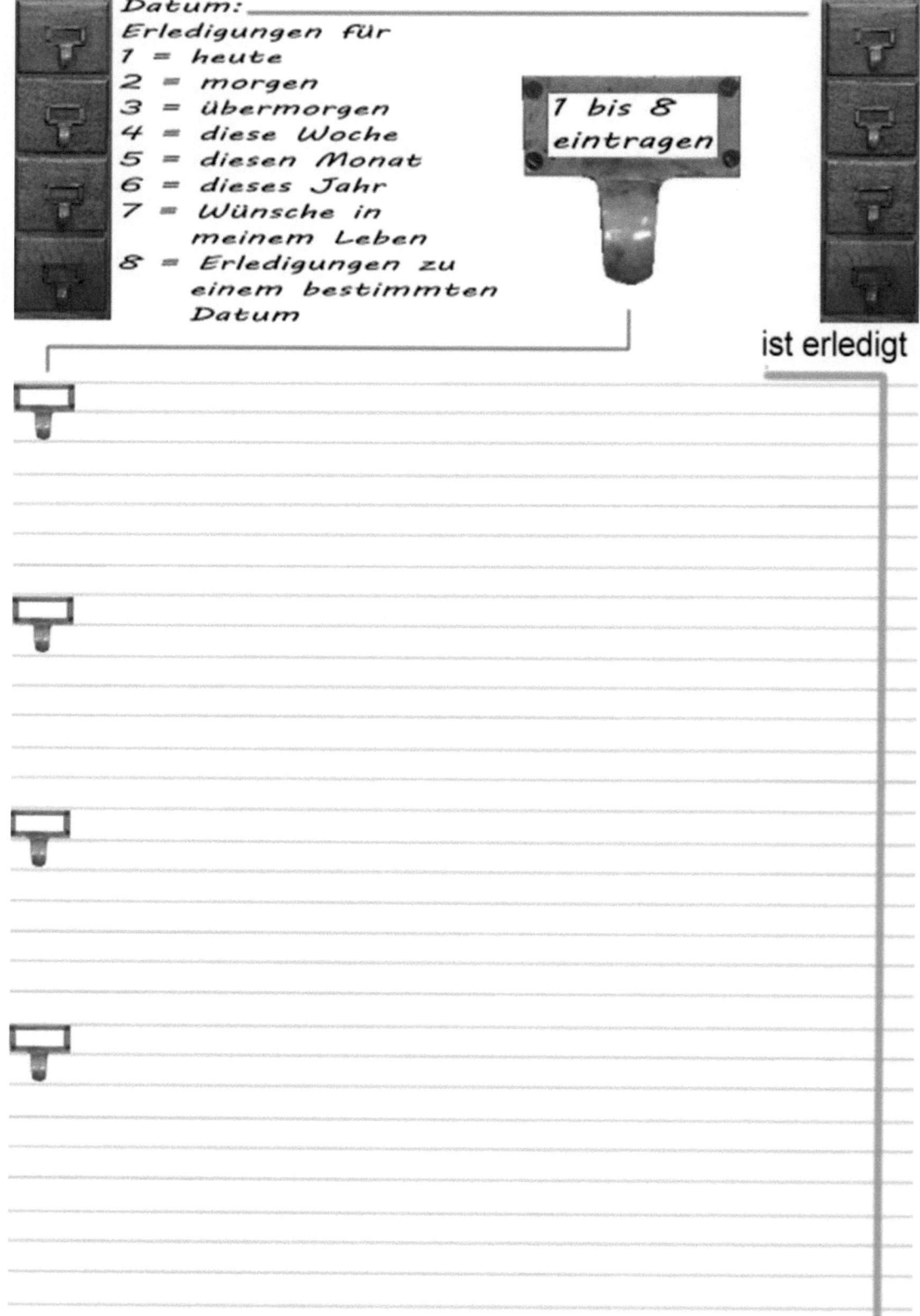

Datum: _____

Erledigungen für
1 = heute
2 = morgen
3 = übermorgen
4 = diese Woche
5 = diesen Monat
6 = dieses Jahr
7 = Wünsche in
    meinem Leben
8 = Erledigungen zu
    einem bestimmten
    Datum

1 bis 8
eintragen

ist erledigt

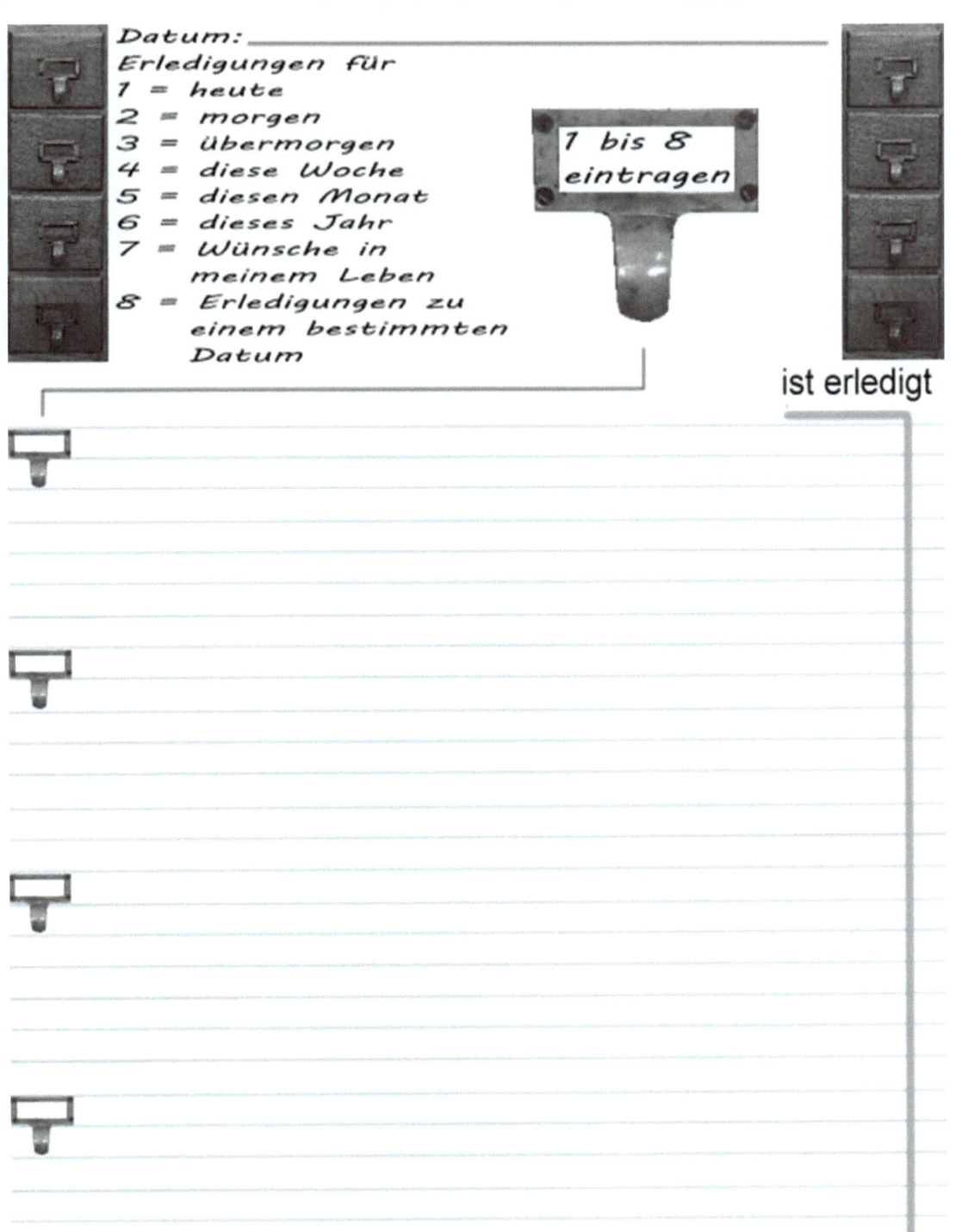

Datum: _____

Erledigungen für

1 = heute
2 = morgen
3 = übermorgen
4 = diese Woche
5 = diesen Monat
6 = dieses Jahr
7 = Wünsche in
    meinem Leben
8 = Erledigungen zu
    einem bestimmten
    Datum

1 bis 8
eintragen

ist erledigt

Datum:_____

Erledigungen für

1 = heute
2 = morgen
3 = übermorgen
4 = diese Woche
5 = diesen Monat
6 = dieses Jahr
7 = Wünsche in
    meinem Leben
8 = Erledigungen zu
    einem bestimmten
    Datum

1 bis 8
eintragen

ist erledigt

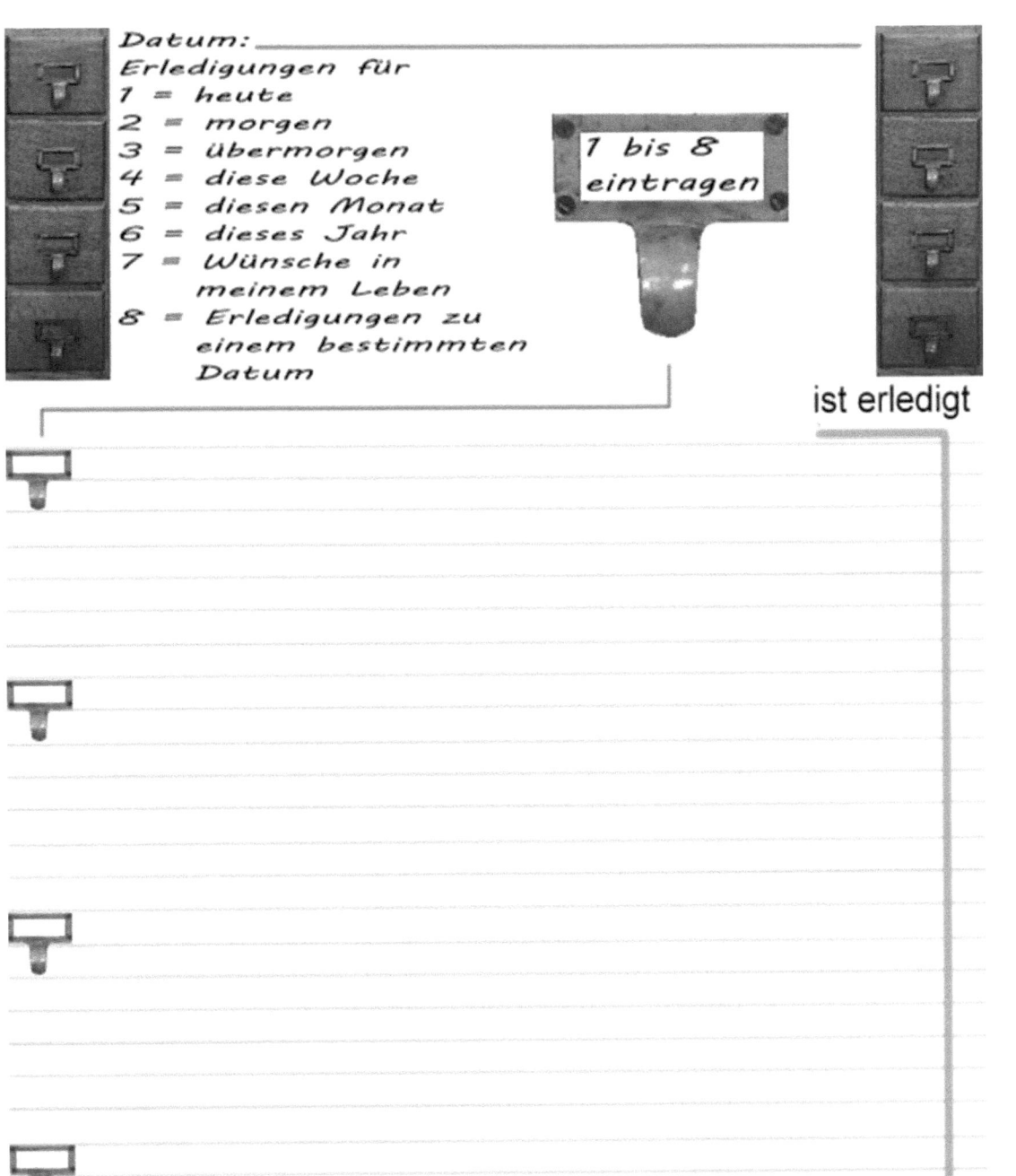

Datum: _____

Erledigungen für
1 = heute
2 = morgen
3 = übermorgen
4 = diese Woche
5 = diesen Monat
6 = dieses Jahr
7 = Wünsche in
    meinem Leben
8 = Erledigungen zu
    einem bestimmten
    Datum

1 bis 8
eintragen

ist erledigt

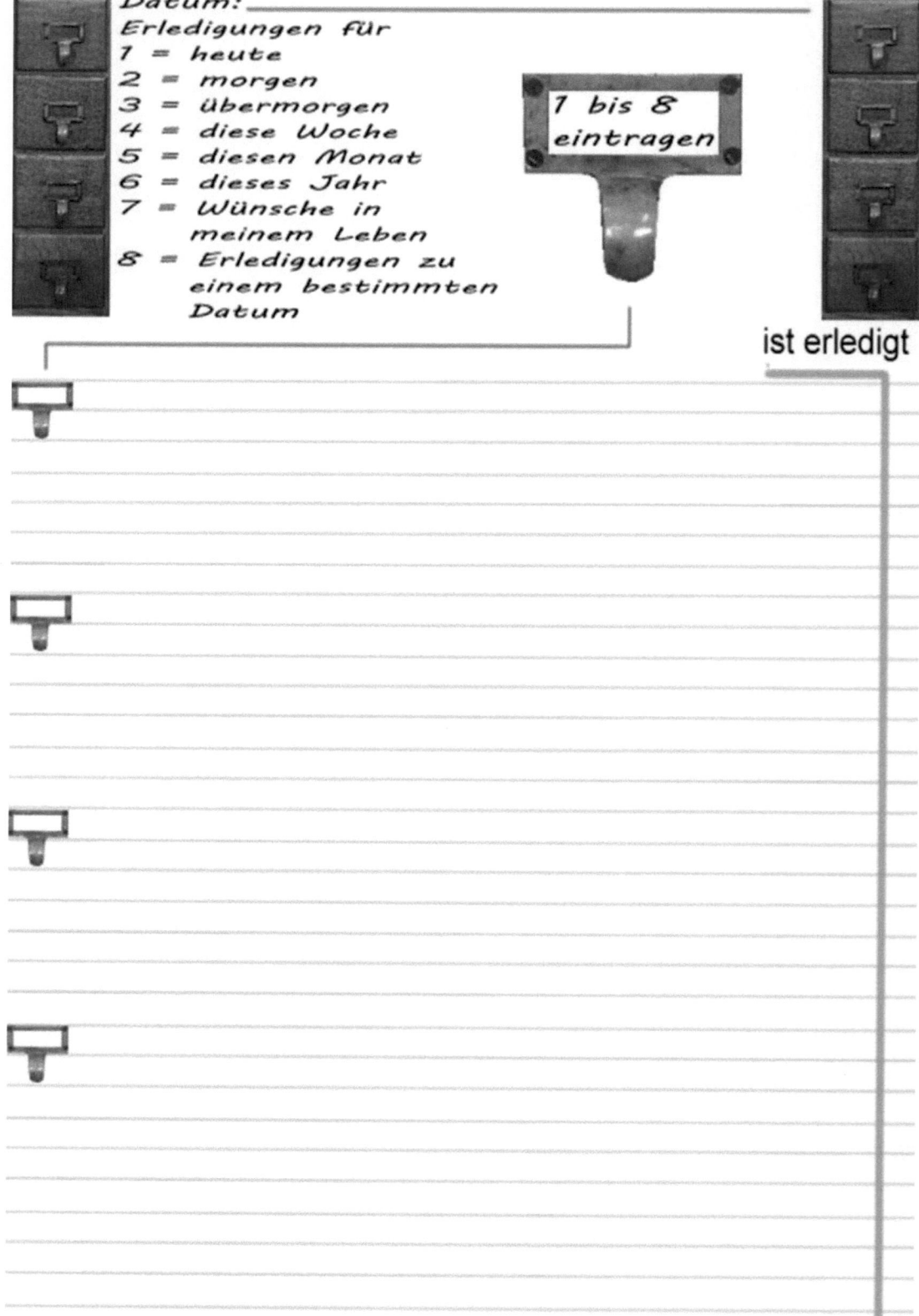

Datum: _____

Erledigungen für
1 = heute
2 = morgen
3 = übermorgen
4 = diese Woche
5 = diesen Monat
6 = dieses Jahr
7 = Wünsche in
    meinem Leben
8 = Erledigungen zu
    einem bestimmten
    Datum

1 bis 8
eintragen

ist erledigt

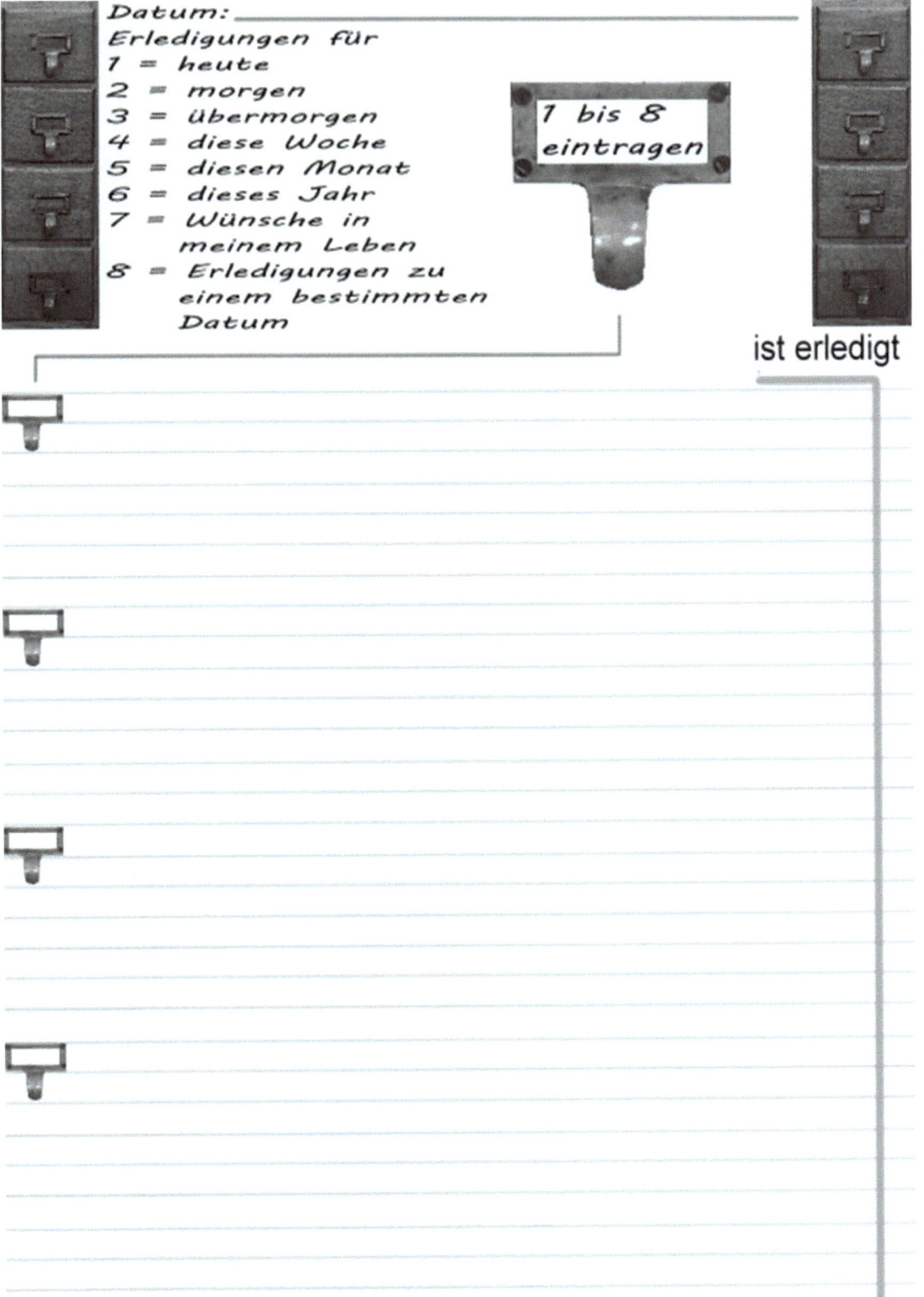

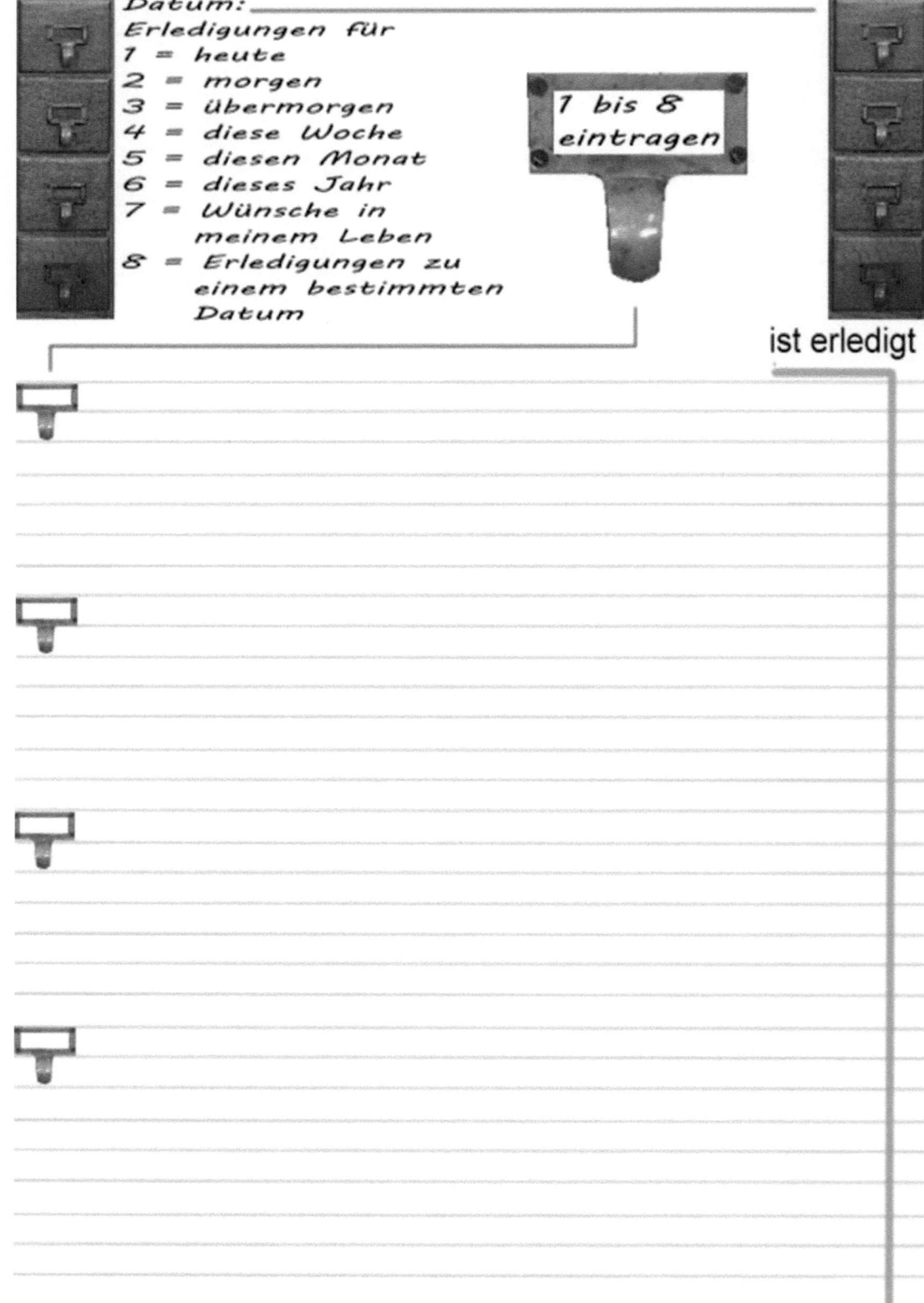

Datum: _____

Erledigungen für
1 = heute
2 = morgen
3 = übermorgen
4 = diese Woche
5 = diesen Monat
6 = dieses Jahr
7 = Wünsche in
    meinem Leben
8 = Erledigungen zu
    einem bestimmten
    Datum

1 bis 8
eintragen

ist erledigt

Datum: _____

Erledigungen für
1 = heute
2 = morgen
3 = übermorgen
4 = diese Woche
5 = diesen Monat
6 = dieses Jahr
7 = Wünsche in
    meinem Leben
8 = Erledigungen zu
    einem bestimmten
    Datum

1 bis 8
eintragen

ist erledigt

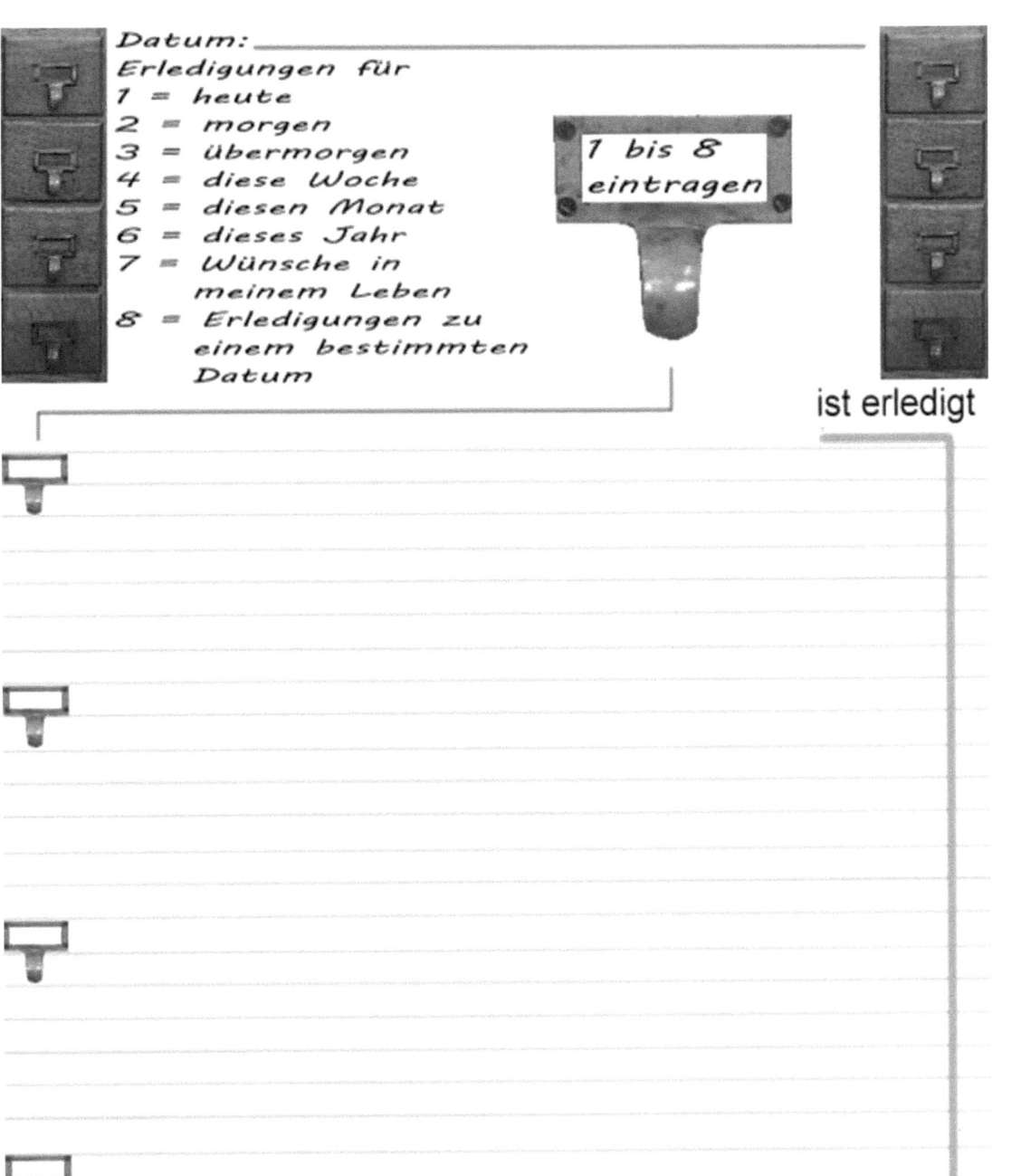

Datum: _____

Erledigungen für
1 = heute
2 = morgen
3 = übermorgen
4 = diese Woche
5 = diesen Monat
6 = dieses Jahr
7 = Wünsche in
    meinem Leben
8 = Erledigungen zu
    einem bestimmten
    Datum

1 bis 8 eintragen

ist erledigt

Datum: _____

Erledigungen für

1 = heute
2 = morgen
3 = übermorgen
4 = diese Woche
5 = diesen Monat
6 = dieses Jahr
7 = Wünsche in
    meinem Leben
8 = Erledigungen zu
    einem bestimmten
    Datum

1 bis 8
eintragen

ist erledigt

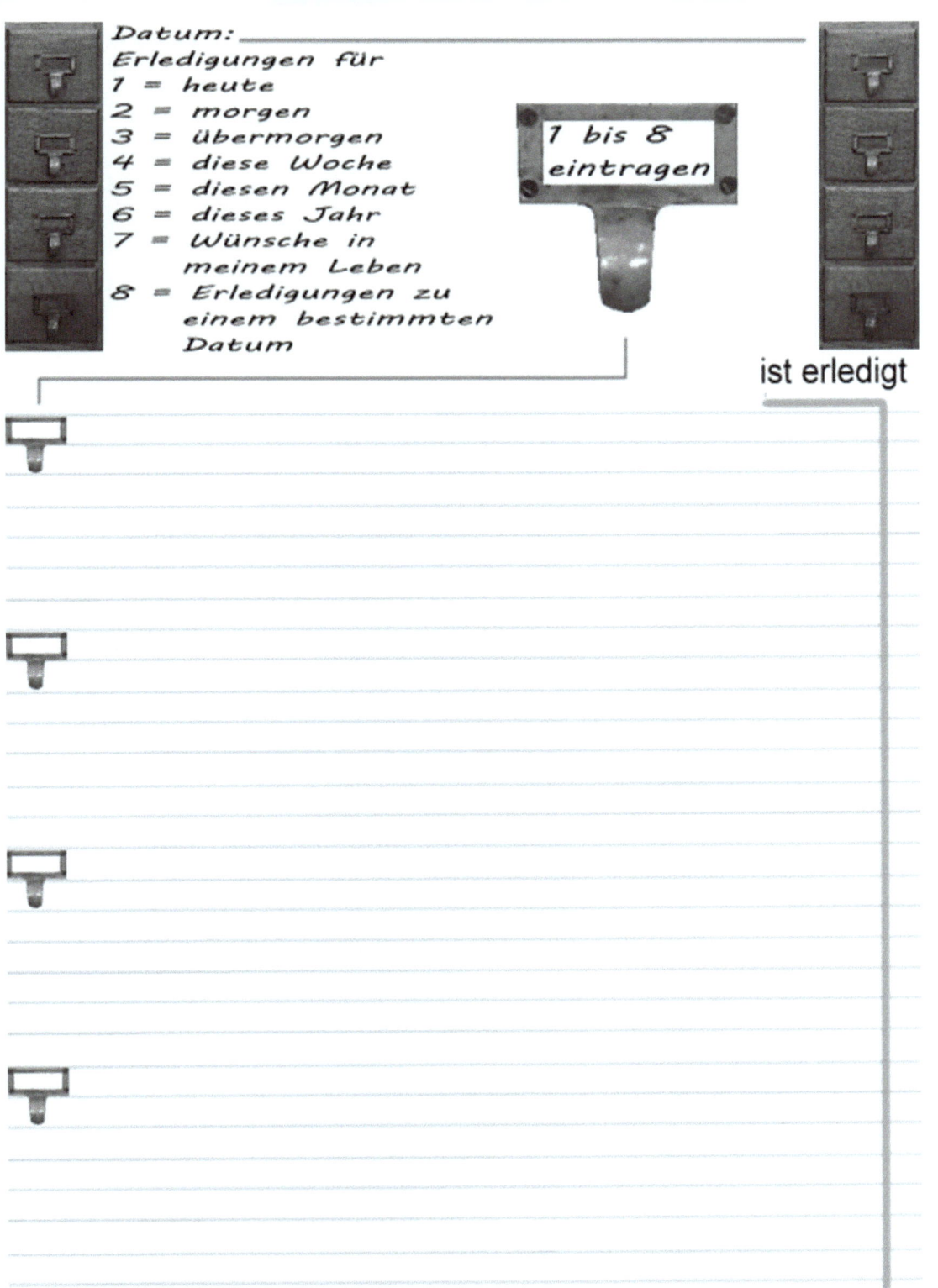

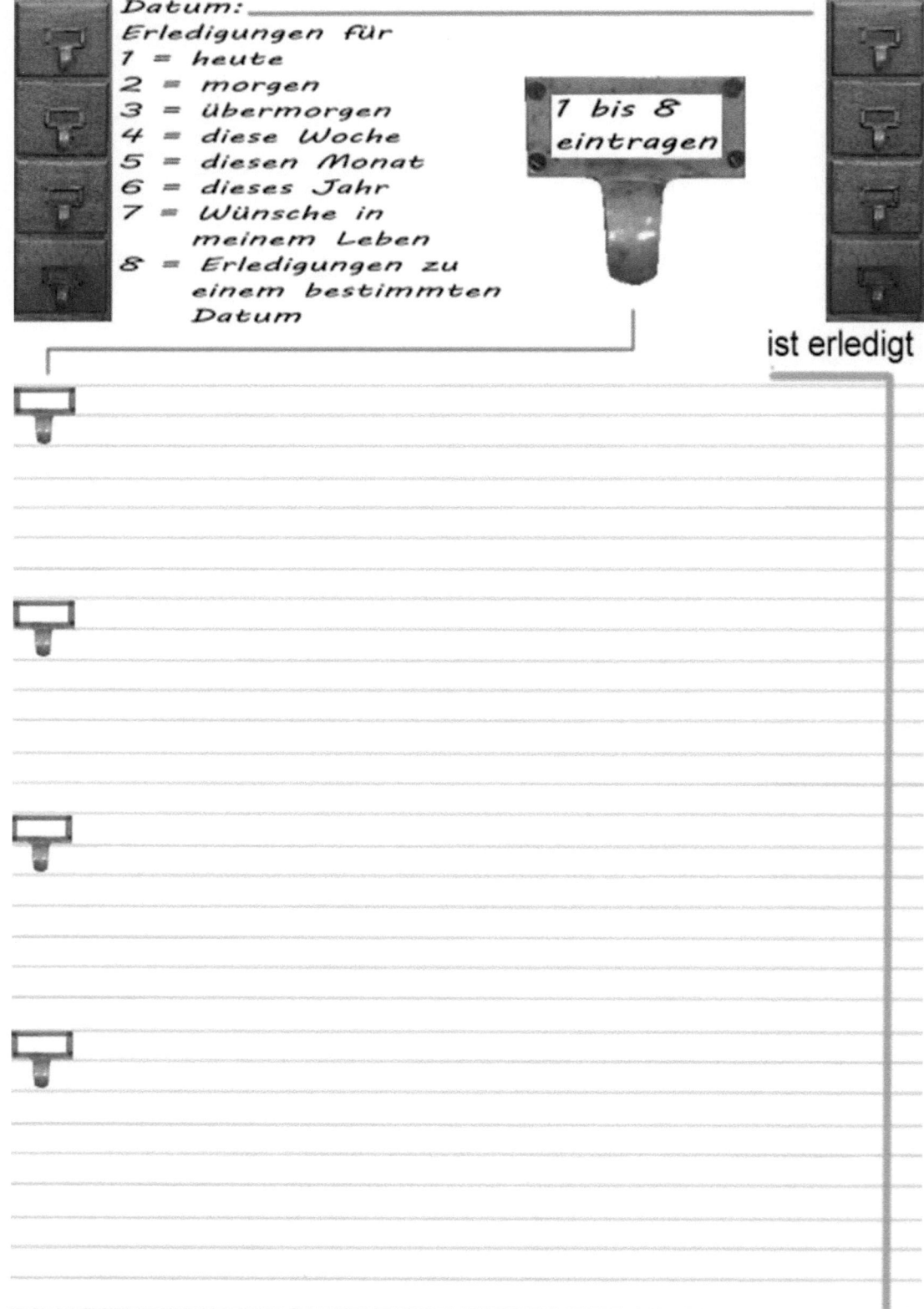

Datum: _____

Erledigungen für

1 = heute
2 = morgen
3 = übermorgen
4 = diese Woche
5 = diesen Monat
6 = dieses Jahr
7 = Wünsche in
    meinem Leben
8 = Erledigungen zu
    einem bestimmten
    Datum

1 bis 8
eintragen

ist erledigt

Datum: _____

Erledigungen für
1 = heute
2 = morgen
3 = übermorgen
4 = diese Woche
5 = diesen Monat
6 = dieses Jahr
7 = Wünsche in
    meinem Leben
8 = Erledigungen zu
    einem bestimmten
    Datum

1 bis 8
eintragen

ist erledigt

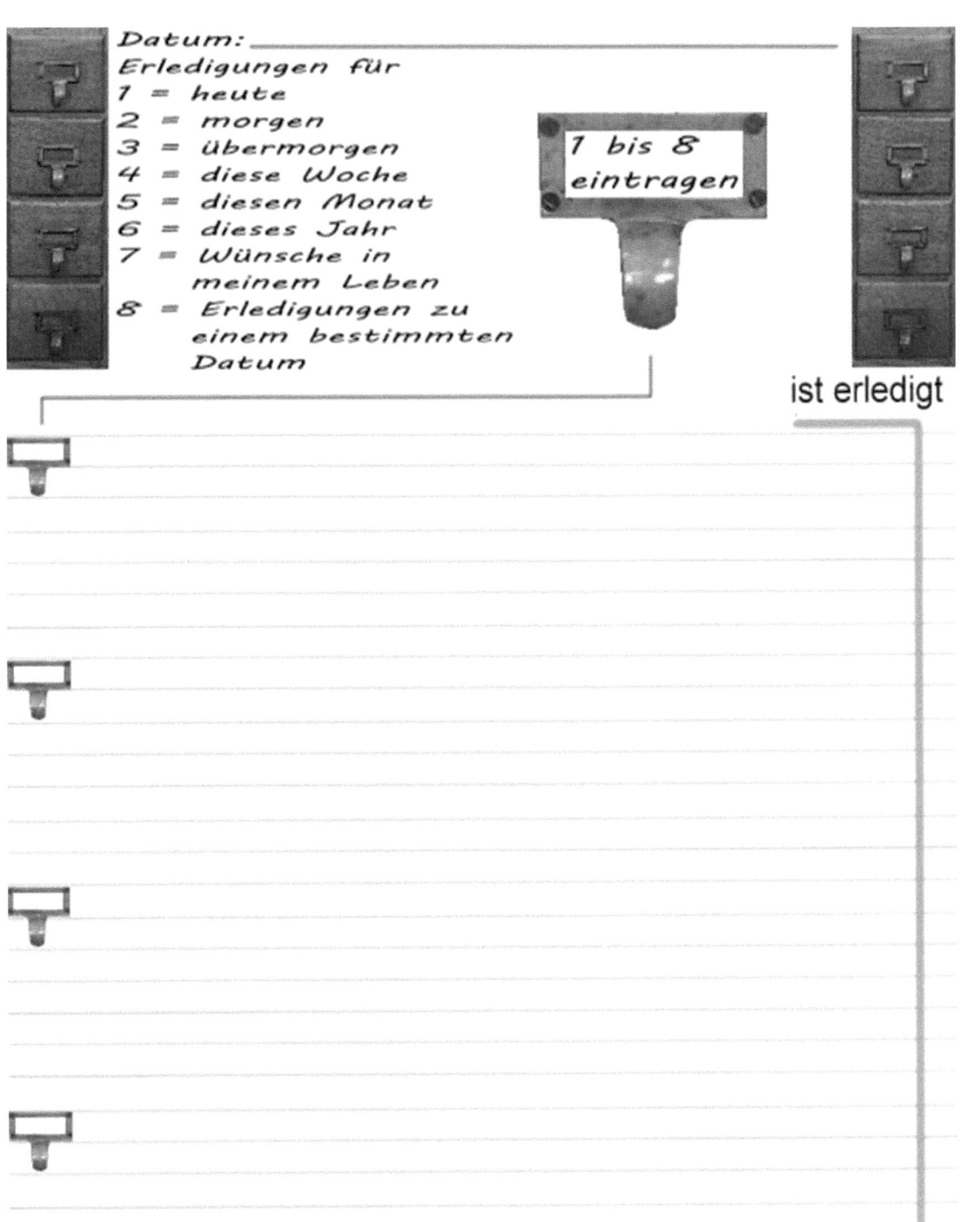

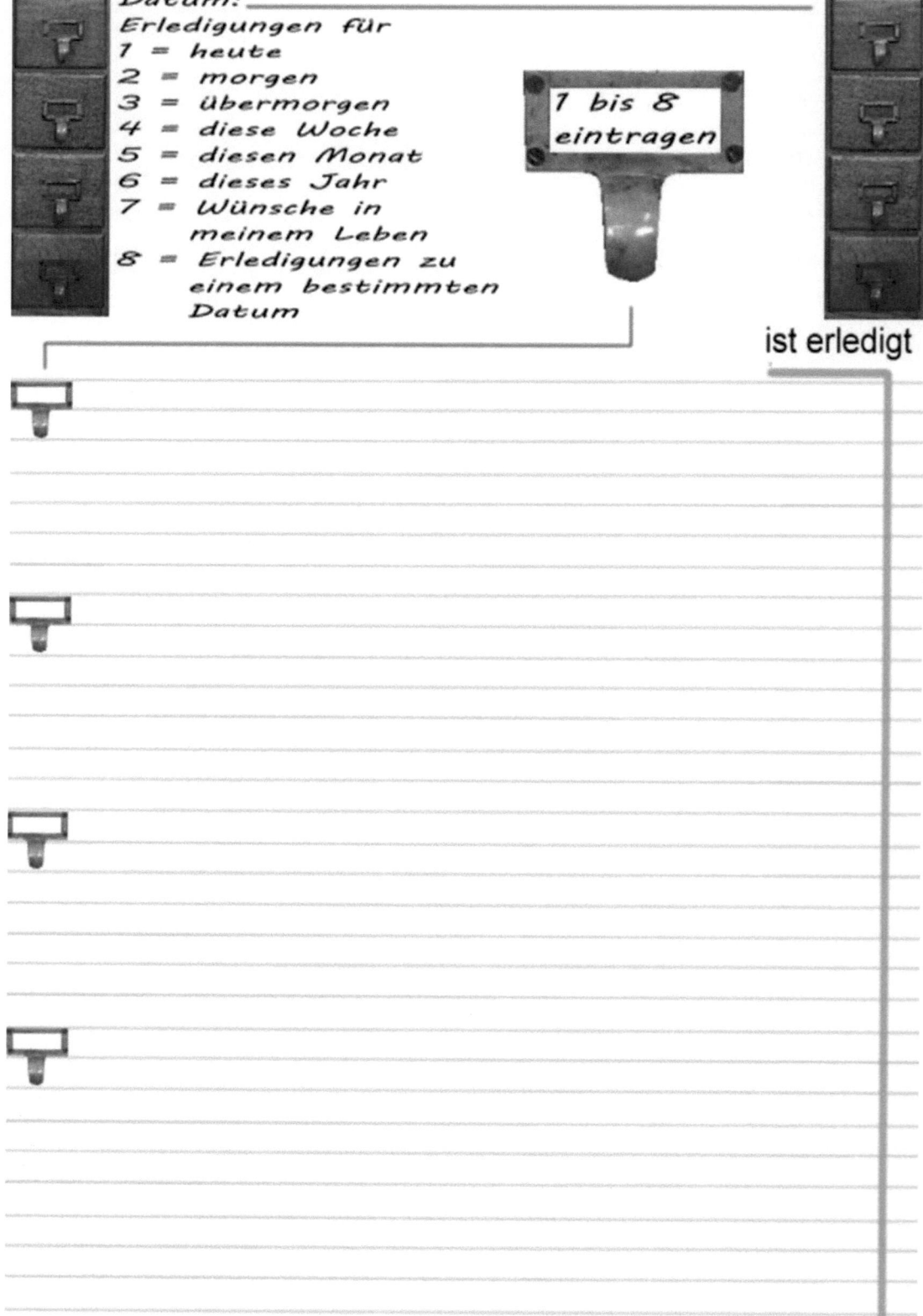

Datum:_____

Erledigungen für
1 = heute
2 = morgen
3 = übermorgen
4 = diese Woche
5 = diesen Monat
6 = dieses Jahr
7 = Wünsche in
    meinem Leben
8 = Erledigungen zu
    einem bestimmten
    Datum

1 bis 8
eintragen

ist erledigt